看見——神之鄉

大溪普濟堂與社頭

contents

看見

神之鄉

—— 鄭文燦市長序 ——

典藏大溪的無形文化資產

　　六廿四對大溪人來說是特別有意義的數字。六廿四聖帝公生日，是大溪人的第二個過年，文化上的過年。大溪的普濟堂會舉行關聖帝君的祝壽典禮，來自大溪各角落、各行業的三十幾個社頭、神將，會在大溪的大街小巷舉行遶境來祝壽。

　　這個活動在大溪已經有一百年的歷史，都沒有間斷，而且是由民間來獨立舉辦。這幾年我們政府很重視，我擔任市長後，把這個無形的文化資產，變成大溪的文化廟會，而且也獲得文化部支持，成為具有國際主題特色的地方慶典。所以這幾年開始，我們有邀請各國的民俗陣頭來表演。2021年很特別，因為遇到疫情，百年來第一次，決定只有線上活動和靜態活動，沒有遶境活動，這真的是第一次。

　　遶境的源起是，原來在日治時代、大正4年，也是民國4年、1915年，有些大溪鄉親到當時臺北縣的瑞芳去做礦工，平安歸來也賺到了錢，感謝聖帝公的保庇，所以從那一年開始，組織了神將的社團來遶境，就是我們說的大仙尪仔。遶境就此慢慢擴大，從原來老街幾個社團開始，到了整個大溪，河東地區大概有三十幾個社團都有參與。我想，這已經成為大溪最典型的文化特色。

　　我擔任市長這七年來，年年創新，我們以大溪大禧這個品牌來將聖帝公壽誕的遶境活動包裝成文化慶典。

　　這幾年我也想著如何深化這個文化的認同，畢竟大溪是我們淡水河運最深的內陸河港，也是桃園歷史的起點，更是包括臺三線，木材、樟腦、茶葉當年都從這裡出口。大溪的六廿四具有豐富的歷史、文化意義，我希望是可以年年舉辦。

　　聖帝公就是所謂的關聖帝君、關老爺，在台灣流傳已久，是一個根深柢固的信仰。關公代表忠義精神，過五關、斬六將，但關公另一個特質就是普濟堂原來的

訴求—保護人民的生命、財產、健康，拜關公保平安，所以我們也希望這次線上祝壽，能夠確保疫情退散、收斂，台灣可以恢復日常。當然關公在民間還有另一個含義，就是武財神，希望各行各業能夠豐收，我們不只通過了疫情的紓困期，我們還進入了振興期，能夠讓各行各業在解封後度過困難，邁向一個更好的生活。

若在佛教的經典中，關公也是代表守護釋迦摩尼佛道場的平安，被看作是伽藍菩薩，這是另一個形象。所以拜聖帝公也是希望確保合境平安，我們希望桃園守在國門的第一線，我們防疫安全在未來，解封之後，防疫也一樣要繼續加強。

大溪可以說是桃園人文化的故鄉、感情的故鄉，所以大溪的大仙尪仔非常出名，尤其六廿四的社頭遶境，百尊以上的神將走在街頭，讓大家感受到那份信仰的魅力與虔誠。

我們也希望這個百年的無形文化資產，跟過去各社頭的文物、影像、文字都能夠典藏。我們特別利用了大溪農會日治時代的統合倉庫，改建為一個社頭的文化館，把它命名為六廿四故事館，希望能夠把三十幾個社頭，過去典藏了百年的文物，變成大溪的歷史記憶。這個館已在民國110年10月5日開館了，希望透過東森戲劇的《神之鄉》連續劇，透過六廿四故事館，一樣可以豐富這項特有文化。

桃園市長　鄭文燦

——莊秀美董事長序——
全臺獨有的慶典文化

　　大溪普濟堂關聖帝君，大溪人通稱聖帝公或帝君，一直都是大溪人很重要的信仰神祇。在每年的農曆六月二十四日關聖帝君聖誕慶典前，也就是從農曆六月初一起，大溪全區總動員忙透透，民間信仰熱忱達到沸騰，各式籌備會、契孫祝壽日、社頭夜練、義工洗廟、出巡等等，目的是為慶典做好萬全準備。

　　每年的慶典遶境活動，沿著大溪老城區及周邊區域，形成完整的信仰圈，成為全區每年最重要的宗教慶典活動，堪稱大溪第二個過年。其遶境儀式不斷擴張的影響力及信仰圈、有別於其他地區的廟會遶境儀式及特殊的大溪社頭文化，堪稱全臺獨有。「大溪普濟堂關聖帝君聖誕暨遶境慶典」於2011年正式登錄為桃園市重要的「無形文化資產」。

　　大溪普濟堂關聖帝君聖誕暨遶境慶典，除了普濟堂，就是由大溪許多因興趣、職業而組成的各式社頭組織及各自的藝陣隊，共同於農曆六月廿四日為聖帝公遶境祝壽。此遶境活動正是因有這群義務參加的社頭支持，從大正六年傳承至今，目前每年仍參與遶境活動的社動有31個。

　　《看見神之鄉：大溪普濟堂與社頭》除了讓我們更為了解這項已有百年歷史的關聖帝君聖誕慶典及遶境文化，也更了解大溪社頭文化對大溪慶典文化之重要性。透過社頭組織成員的共同參與行動，讓慶典文化及社頭組織相關的物件、故事、及藝陣技藝等，都能持續傳承發展。

　　也希望藉由此書的出版，讓更多人了解大溪關聖帝君聖誕慶典是桃園最重要的在地文化慶典，希望不僅成為在地人的驕傲，更能透過最在地的文化慶典與持續的國際交流，讓活動愈在地就愈國際化，展現六廿四傳統文化節慶的多元面。

財團法人大嵙崁文教基金會董事長

——謝昌明主委序——

延續六廿四遶境文化

　　我從小就住在大溪永福里，永福里有永安社跟同義社兩個社。我父親是永安社的老社員，我國小四、五年級就開始參與永安社這個社頭的活動。參與六廿四是很高興的一件事，大都是去幫忙舉旗子。我們永福娘子坑，以前沒有車，都是用走路的，一堆孩子排隊舉著旗子出來，舉到聖帝廟遶境，這個是做孩子時的印象。

　　長大出社會之後，因為我本身是做木材，跟同人社非常有淵源，開始加入同人社。這幾年之間，我有身兼參務，但是不算有空，六廿四時，頭一晚跟爐主去參務，洗轎，拿出來，然後我們陣頭，早期負責的人，年輕人拿神尊跟做什麼，大家都非常盡心打拚去做。

　　每年六廿四祝壽活動，都六月七日就在準備，六月七日是我們契孫回來，以前給他做契，來洗廟，裡面全部都要洗一遍。到了六月廿三日就要開始準備入街熱鬧，要來給聖帝公祝壽。六廿三有個祝壽活動，正常祝壽是在六廿四，晚上十一點開始才是給聖帝公祝壽，六廿四早上才請聖帝公上轎遶境，請聖帝公出去，到大溪各個地方遶境，保佑所有信眾平安順利。

　　我們六廿四遶境有三十幾個社頭，應該會更多，只是有很多都沒出來，普通有三十幾個社頭，人非常多，要聯繫這麼多人，是個困難的工作。遶境這些入境、到廟、拜廟的過程，尤其是到廟的時候，非常熱鬧，有時會發生一些摩擦，但聖帝公的信用讓大家可以克制下來，大家都盡心盡力，讓這個工作做得很順利。

　　我是大溪出生，大溪長大，從小時候就開始有這個信仰，六廿四就是大溪的第二個過年，大家對六廿四非常注重。小時候聽到六廿四大家都很熱鬧開心，又

可以玩，長大後，才懂得注重這個文化的內涵，讓它好好發揚光大。我也投入這個工作，來普濟堂為聖帝公服務，做一些工作，做到大家可以傳承下去，一代傳一代，好讓這個文化可以延續下去，不要失傳了。

2021年比較特殊，我從小到大，頭一次遇到疫情的問題，活動都不能辦。我請示了市政府民政局及市長，大家也說非常可惜，今年沒辦法辦。我跟所有朋友聊天時，大家都會提到，電視劇《神之鄉》開始播了，外面的人都會想來看，沒有祝壽及遶境活動，非常可惜。有機會，我們當然也想跟有關單位商量，舉辦小型的活動，但最重要的是要得到市政府的同意，於是祝壽活動首次網路直播，得到廣大的關注與迴響。

去年劇組來拍《神之鄉》時，差不多是在六廿四祝壽前後，我們提供聖帝廟的場所運用，讓他們自由發揮，要幫忙的地方我們都做得好好的，劇組都很高興。大家在拍這部戲的過程當中都很和藹、心情愉快，也對我們聖帝廟非常感謝，製作單位還打了兩、三個金牌來感謝。

普濟堂主任委員

——陳寶印理事長序——
傳承大溪百年遶境文化

　　我其實不是在地人。我是南投人，父親搬來大溪做生意，當時是跟姑姑一家人住。我就在現在普濟堂一側的會議室出生，在那裡長大，六廿四迎熱鬧，差不多從國小三年級開始，每逢六廿四都要幫忙大人跑腿，所以我小時候去那個廟口，算起來參加聖帝公遶境應該有四、五十年的時間了。

　　因為疫情關係，去年沒辦法出來遶境，這是社頭夥伴、在地和出外的大溪人覺得遺憾可惜的地方，很多朋友打來關切詢問。今年終於疫情趨緩，恢復以前大溪慶祝關公，大家能夠看熱鬧，將我們大溪的文化及第二個過年能夠發揚光大。

　　民俗技藝協會十四年前成立，而我擔任第三屆及第四屆理事長，現在是第四屆的第三年，管理這個社頭組織的團體很困難。十四年前有一個聯誼會，但當時聯誼會沒有什麼資源，後來就組織桃園市大溪區民俗技藝協會，用這個協會來組織，就整個健壯起來。往後每年六廿四發生什麼陣頭的事，由這些理監事或這些會員去說就一切OK啦！

　　這些會員跟普濟堂委員和信徒不一樣，每年都可以換。大家都是社頭的頭人或幹部，今年做足，明年換人來做，所以我們這個民俗技藝協會成員，愈來愈年輕，一部分老人，老了就退休了，換年輕人去承擔，出來遶境，就整個很和諧、互相幫助。

　　幫忙聖帝公，是每一個大溪人都非常高興的工作，但我為什麼去參加民俗技藝協會及參加理事長競選，主要是從小就住在普濟堂及聖帝公廟旁邊，從小就對聖帝公非常忠誠，這幾年來，每一年運勢都非常順利、非常圓滿。

　　不過，這幾年來，社頭人員也有凋零，有些社員不讓孩子參加，因為要讀書、上班，人員凋零主要是差在這裡。所以要培養人才，培養大溪人來接，這是很大的工作。

　　遶境這個活動，已經持續一百年了，我相信未來的一百年，應該也是沒問題，每一個大溪人都希望六廿四可以每一年出來遶境。

桃園市大溪區社團民俗技藝協會理事長

陳寶印

──陳志昌教授序──

大溪普濟堂與社頭文化的絕世風華

感謝大嵙崁文教基金會給予我這個合作機會，讓我執筆《看見神之鄉：大溪普濟堂與社頭》一書！

大溪，對我一個南部人而言，是陌生的！勉強回想，在腦海中浮現出來的是國小畢業旅行時，學校特地安排行程到大溪謁靈，慈湖陵寢的靜謐氛圍、衛兵交接的肅穆氣氛，成為我過去對大溪的刻板印象。

或許是聖帝公的指引，祂要讓我知道，大溪絕不僅如此！因此，祂賜我一個異鄉人，投入普濟堂與社頭撰寫工作的機會。祂要告訴我，大溪有著他處所沒有的文化瑰寶，也希望藉我的手，使普濟堂關帝信仰、大溪社頭文化，以另一種形式展現在世人面前。

長達近半年的田野調查訪問，伴隨我對普濟堂與社頭文化的認識愈深，它就猶如一朵含苞待放的高雅花朵，在我面前逐步盛開。那隨花朵綻放、繁複而綿密的花瓣，一瓣瓣皆代表著其精采絕倫的文化內涵，展示其擁有的絕世風華，但卻豔而不俗、媚而不妖，讓人一注目便沉浸其中，無法自拔！

大溪人的溫暖，是我在撰寫本書期間最為深刻的感受！那盛夏溽暑刻意備下的香茗、寒冬細雨特意點燃的爐火，皆溫暖一個從南部遠赴大溪搜集資料異鄉人的心。於是，路程不再那麼遙遠，工作不再感到辛勞！

熱情，如今成為我對大溪的刻版印象。大溪人的熱情，絕不僅是對一個遠來蒐集資料的學者而已。我看到的是，所有參與大溪普濟堂六廿四關聖帝君遶境的社頭成員，無償、無私的奉獻，而支撐他們堅持下去的力量，是他們對大溪這片土地的熱愛、對普濟堂關帝信仰的虔誠之心，以及對遶境文化參與的熱情！社頭

成員的熱情充分展現在他們對遶境文化的「傳承」與「創新」上：「傳承」是基於他們對大溪文化的熱愛，所燃起的當仁不讓地對保存當地傳統文化的一份責任感；「創新」除了是為展現各社頭的演練成果，更是為了在虔誠信徒的遶境隊伍中，多表達一分對聖帝公感謝的虔敬之心。

在本書寫作期間，曾有熱情的社頭成員關心地詢問我：「這會是本學術性的書籍？還是本通俗性的書籍？」他熱切期盼，本書會是一本專業性的學術著作。我當時的回答是：「學術性著作，透過專業的學術探討，有助於拉高普濟堂與遶境文化的文化高度。但通俗性的作品，卻可以透過淺顯易懂的語言，讓更多人認識、接觸大溪的特色文化。」簡言之，我認為學術性、通俗性著作在推廣大溪遶境文化上，皆扮演不可或缺的角色。

今日成書，我希望本書能兼具學術與通俗兩大特色。在通俗性部分，本書盡量以通俗、流暢的文字，減少流水帳式的人物、組織堆積，試圖留下清晰脈絡，務求讓讀者對普濟堂信仰的發展、社頭文化能有快速、全面性的了解。在學術性部分，個人期望站在歷史專業的角度，盡量蒐羅普濟堂、社頭所存文獻資料，結合前人研究成果，輔以田野調查資料，呈現普濟堂關帝信仰發展以及大溪社頭文化的特殊地位。這是我的自我期許，也希望不負聖帝公交付的重大任務！

2022年6月於國立勤益科技大學文化創意事業系

善堂濟世

普濟堂，大溪當地人稱「聖帝廟」。普濟堂前身為私人供奉的鸞堂，因神威顯赫、濟弱扶貧，由地方賢達倡議集資建廟，成為地方公廟。此後，普濟堂在關帝聖誕遶境活動發展過程中，透過吸收社頭團體以及地方人士的參與，逐步擴大其影響力，成為今日大溪地區的信仰中心。「大溪普濟堂關聖帝君聖誕慶典」也因其遶境儀式為其他地方少見的廟會形式、參與遶境活動與一般關公信仰有別以及社頭文化為全臺獨有，登錄為重要的「無形文化資產」。

空拍機鳥瞰熱鬧的普濟堂（桃園市立大溪木藝生態博物館提供）

chapter 01

信仰源頭

日本治臺初期，臺灣鸞堂隨扶鸞戒菸運動而迅速發展。明治30年（1897），樹杞林街（今竹東鎮）人士彭樹滋為戒除鴉片，至廣東接受扶鸞戒菸成功。彭樹滋告知其兄彭殿華後，翌年，彭殿華聘請廣東鸞生來臺，於九芎林高梘頭（今新竹縣芎林鄉）成立「復善堂」，為鴉片成癮者舉行扶鸞祈禱戒菸，成功戒除者有兩百餘人。[1]復善堂將扶鸞戒菸方法傳布各地，臺灣各地一時紛紛成立鸞堂，仿效其扶鸞戒菸之法。

普濟堂供奉的主神為三恩主公：關聖帝君（關雲長）、孚佑帝君（呂洞賓）、司命帝君（張灶君），為臺灣鸞堂常見的主神。[2]若以普濟堂成立目的來看，似乎與扶鸞戒菸運動並無直接關係，但從其成立時間（1902）來看，則與這波因扶鸞戒菸旋風所引領的鸞堂設立風潮，脫離不了關係。[3]

普濟堂的信仰淵源，依呂傳命所撰〈大溪鎮普濟堂沿革誌〉記載：[4]

本堂創立於民前十年壬寅之歲，供奉關聖帝君（關雲長）、孚佑仙祖（呂洞賓）、九天司命（張灶君），尊稱為三聖恩主。配祀文昌帝君、延平郡王。由當地仕紳江序益倡設，先是王天恭與福仁宮廟祝李才旺兩人，為事業上前往竹東沙坪地方，獲知該地三聖恩主，神靈顯赫，乃往投誠，求之靈驗，頓起尊敬之心，遂分靈到鎮。[5]

就呂傳命的記載，普濟堂的三聖恩主是分靈於「竹東沙坪」境內。然而，許多學者都對此一說法抱持懷疑的態度。陳建宏曾翻閱《樹杞林志》、《竹東郡勢要覽》、《臺灣堡圖》與《日治時代二萬五千分之一臺灣地形圖》，竹東境內並

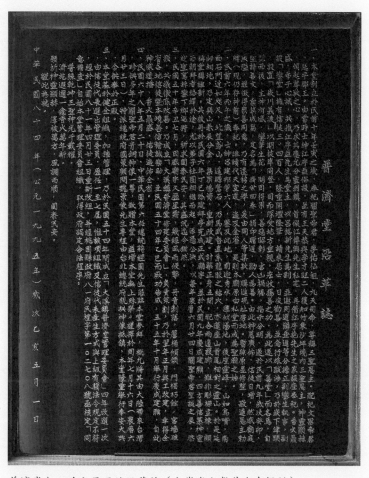

普濟堂內以碑文呈現的沿革誌（大嵙崁文教基金會提供）。

無此一地名。新竹縣內目前唯一稱作「沙坪」的地名，位於新竹縣120號縣道27.5公里處。且藍植銓與陳建宏進行實地田野調查，當地並無關聖帝君或三聖恩主信仰，因此，分靈自「竹東沙坪」境內的說法疑點重重。[6]此外，許多口述訪問資料呈現不同論點。例如：普濟堂鸞生兼發起人之一江次全的孫女，述及普濟堂關聖帝君神像是由「唐山請回來的」；[7]協義社前社長黃金原轉述前輩說法是：大溪赴新竹芎林工作的寮仔班，於山林伐木工作時，發現林內金光閃爍、紅光赫赫，前往觀看，赫見關聖帝君顯聖，於是供奉三聖恩主公牌位，寮仔班返鄉後將牌位迎請至黃家、江家暫奉。[8]諸多不同論點，眾說紛紜，且受限於早期文獻資料的缺乏，因此眾多學者皆採取王見川的看法，將普濟堂的香火淵源暫歸類為「不明淵源」的鸞堂。[9]

關帝主神

普濟堂主祀為三恩主公——關聖帝君、孚佑仙祖、九天司命。然而，三恩主公中又以關聖帝君為主神，因此，大溪人多稱普濟堂為「聖帝廟」。普濟堂以關聖帝君為主要崇拜神祇，配合著大溪地區的發展，應該與關聖帝君的「結義」、「武財神」神格有關。

關聖帝君由於其「重然諾」、「守信義」的精神，被奉為「結義之神」。大溪當年的入山工作者、茶農、礦工、輕便車夫，基於工作上的需要，在「結義之神」關聖帝君的神像之前起誓，結成超越血緣的異姓兄弟，團結合作。日治大正年間成立的「社頭」團體（大溪稱當地的子弟社團為「社頭」），如協義社、新勝社、永安社、共義團、同義社等，即為以上職業的結社團體。[10]且社頭多以「義」為名，強調以「義氣」相結合，與普濟堂關聖帝君的神格相符，使普濟堂的關聖帝君在主祀神中倍顯重要。

此外，關聖帝君「重然諾」、「守信義」的精神也被引伸至商場上——買賣雙方彼此須以誠信相待，且商人希望能

正殿供奉的主祀神三恩主公——關聖帝君、孚佑仙祖、九天司命（大嵙崁文教基金會提供）。

1950 年代普濟堂主祀三恩主公（普濟堂提供）。

如同關聖帝君在戰場上一般，在商場上戰無不勝、攻無不克，因此關聖帝君又被奉為「武財神」。大溪因水運與山林資源的地理條件，自清代起便發展成商業熱絡的繁榮市街，商業經營者希望生意興旺而企求關聖帝君庇佑。大溪大正年間成立的社頭，如同人社、協義社、興安社、慶義社、大有社等，皆以地方富商或是礦業、木業、雜貨商、泥水工匠等職業團體所組成，對於關聖帝君「武財神」神格有所需求。加以關聖帝君為礦工點金脈、保佑外出子弟等神蹟，更使得關聖帝君逐漸發展成大溪人重要的信仰神明。[11]

鸞堂濟世

　　普濟堂創立於明治35年（1902），最初是由仕紳江序益等人以鸞堂的形式於私宅內設座奉祀，一方面進行開壇降筆等扶鸞相關的宗教活動，另一方面也參與社會慈善事業，因此又以「善堂」為名。呂傳命〈大溪鎮普濟堂沿革誌〉記載，普濟堂自神尊分靈到大溪鎮後——

　　首假江傳興先生私宅，再借江序抱先生之家設座奉祀。所幸香火昌盛，又得弟子心誠，共推江序益先生為堂主，以呂銘新、廖運藩、徐李妙枝、黃贊同為副，並邀同志游垂進、黃國柱、鄭清松、江次全、陸昌義、陸南田、江奠安、江克明、黃明益、簡連成、江加昌、李木等三十餘人分擔正副鸞生執事，奉旨副設「鑾堂」計擁有外鑾（即信徒）三、四百人之多，隆重開壇降筆。[12]

　　所謂「開壇降筆」，就是一般所稱的「扶鸞」、「飛鸞」，又稱「扶乩」或「扶箕」。通常由兩人扶助乩筆，插入沙盤寫出文字或圖形，並做出解釋，是一種古代的占卜法。[13]鸞堂為因應扶鸞、宣講、著作鸞書或提供信徒求方問世等常態性活動，必須要有完善的組織系統。就臺灣的鸞堂組織而言，一般皆設有堂主、副堂主、正副鸞生、唱鸞生、錄鸞生、宣講生、總司事、正副總理等。此外，還有一些未參與扶鸞的執事人員，擔任鳴鐘擊鼓、敬供茶果、炊食打掃等工作。以上人員無論有無派職，皆稱之為鸞生。[14]

　　普濟堂創設初期，是以日治初期臺灣盛行的扶鸞勸善方式吸引信眾，鸞生人數達三十餘人，信徒約有三、四百人，雖未列出參與者個人職掌，但從其組織規模、信徒人數來看，普濟堂成立之初便香火鼎盛，頗具聲勢。不過，在普濟堂建廟以後，便逐漸由鸞堂轉型為「地方公廟」，扶鸞活動逐漸式微，最遲至昭和初年（1926），普濟堂的扶鸞活動便已銷聲匿跡。[15]

　　普濟堂草創初期鸞堂的成員，基本上是以地緣及親屬網絡做為連結。當年鸞堂成員多居住於商行雲集的下街（今和平街），普濟堂的首倡者江序益，以及提供私宅供奉三恩主公的江傳興、江序抱，皆屬於「江有源家族」，[16]鸞生江次全為江序益叔父。此外，陸昌義、陸南田，徐李妙枝、黃明益亦分別為同胞兄弟。可見，親屬網絡為當年鸞堂成員的參與管道之一。普濟堂早年便是透過居住的地緣關係和親屬網絡，以扶鸞宣講吸引信眾，逐步拓展其影響力。

　　此外，不容忽視的是，普濟堂創立初年的組成成員，以地方具名望的富商仕紳、政商名流居多。成員中，以江序益為中心的江氏家族，自清代以來即為地方望族；[17]廖運藩為清代武秀才，清日政權交替之際曾當過「安民局」局長；呂銘新與江序抱日治時期曾擔任大溪保正；陸昌義則於龍潭地區擔任過區長及協議會議員。[18]地方仕紳與菁英份子投入普濟堂宗教活動，對普濟堂信仰的發展，有代表性的引領作用。

鸞堂時期供奉的三聖恩主公牌位（大嵙崁文教基金會提供）。

義堂為名

清代慈善組織中，有一類專門收容鰥寡孤獨及殘疾無依者，稱為「普濟堂」。

「普濟堂」可分為政府官設及民間私設，清代臺灣所設立的「普濟堂」不多，僅臺南及澎湖兩地各設有一所。[19]雖然大溪普濟堂之名稱未必淵源於此，但視其從事的各項活動的性質，與「普濟堂」相去不遠。

明治35年（1902）9月，「江序益、陸昌義等人出面籌措義渡經費遂創設義堂，名稱為普濟堂」。[20]所謂的「義渡」顧名思義即為以義渡人、免費渡河。[21]大溪地區早年分別設有「大嵙崁渡」和「內柵庄觀音亭渡」兩渡頭。就在三恩主公分靈到大溪時，大溪因臺灣總督府封鎖「蕃界」，市況為之萎靡，大嵙崁渡的渡船業蕭條，因此遂有有設立「崁川義渡」的提議。[22]然而，將大嵙崁渡改為義渡，卻存在著連鎖性的資金問題：

將大嵙崁渡改為義渡，該渡本為私人經營並徵收渡費，收入相當可觀。惟明治三十二年後，將該營業的「利益所得權」歸於大嵙崁公學校，每月徵收六十圓。三十三年以後徵收七十五圓，七十圓充作大嵙崁公學校經費，五圓則充作內柵分校經費。因此若將大嵙崁渡改為義渡，則渡夫工資、渡船維修費、公學校經費皆無著落。[23]

普濟堂草創期主要領導人——江序益（蒲姿璇翻拍於普濟堂）。

　　簡言之，若大嵙崁渡改為義渡，不但要籌措渡夫工資、渡船維修費，更要補足大嵙崁公學校與內柵分校欠缺的經費。由此看來，普濟堂為設置崁川義渡所籌措的資金，也間接協助大嵙崁公學校及內柵分校的辦學。早期的普濟堂對於義渡相當熱心，除倡設「大嵙崁義渡」，明治36年（1903）4月，也依循相同模式籌措經費，將內柵庄觀音亭渡改為「觀音亭義渡」。

　　除了義渡，日治時期普濟堂從事的慈善事業還包括布施棺木、米穀及藥品等。[24]普濟堂在草創初期，以江序益為首的地方人物，糾集地方富商、仕紳的力量，設置崁川義渡、觀音亭義渡，資助大嵙崁公學校，進行捐棺、捐糧等各種慈善活動。因此善行義舉，普濟堂「深受地方重視，宏收揚善之功，為此遂以『善堂』而名焉」。[25]

宣講勸世

「宣講」又稱「說善話」、「講善」，類似今日的公開演講，是一種用通俗話語對庶民從事勸善的活動，為傳統社會常用的俗民教化活動。自唐代佛教僧侶以俗講佛經內容傳教，開宣講風氣之先，歷代宗教團體以寶卷宣講方式傳教勸化，未曾中輟。[26]

除了宗教團體，歷代政府也利用宣講的方式來教化人民恪守分際、安分守法，以維持帝國的穩定，將宣講視為統治工具。明代開國之初，明太祖為提高君權，加強對地方的控制，以明太祖所頒布的「聖諭六言」為中心，頒布「聖諭」教條，命地方傳誦，且科舉策試以此為題，首開以政治力量強迫人民誦讀皇帝「聖諭」的先例。清代延續明代做法，雍正年間更進一步依康熙9年（1670）頒布的「聖諭十六條」，整理成「聖諭廣訓」，規定地方誦讀宣講，至此，傳統皇權時期做為思想控制與教育工具的教條化「聖諭」體系正式形成。[27]

臺灣於清朝統治初期並不重視宣講聖諭，直到朱一貴事件後，朝廷有鑑於從事社會教化的必要，才開始重視宣講聖諭的功能。然而清朝統治後期，由於地方官吏怠惰，兼以宣講內容八股、沉悶，官方宣講日趨衰微。[28]民間為使宣講發生作用，肩負教化之責的仕紳組織善社與鸞堂宣講，並為了吸引民眾聆聽，採用民間富故事性敘事的「善書」內容，以趣味性、通俗性內容吸引聽眾。[29]日治初期，民間宣講活動依舊盛行，臺灣總督府有鑑於宣講聖諭或善書有助於社會教化，對宣講活動抱持正面態度。[30]

普濟堂初期兼具鸞堂與善社的特性，於成立後起初借用江傳興、江序抱的私宅祭祀關聖帝君，每夜並由「有識之士」於門前宣講聖諭。[31]宣講過程，各項相關文獻並無記載，然而宣講內容不外乎傳統善書與聖諭。當年，鸞堂多將鸞文彙編成書，據此宣講。因此，普濟堂扶鸞詩文編印的鸞書《濟世回春》應該是最重要的講本。至於聖諭，宣講的應該是明治23年（1890）日本天皇頒布的《教育敕語》，強調忠君愛國、奉公守法的道德規範，期望透過宣講教化人民、鞏固政權。

臺灣光復後，普濟堂仍持續宣講、勸善活動。民國55年（1966）普濟堂重建完成後，於左殿附設勸善堂以繼續進行宣講、勸善活動，並利用每日晚餐後時間，由廟內委員輪流主持、宣講。不過，隨著民國60年代電視逐漸普及、娛樂活動多元化，宣講逐漸式微。及至民國70年代，普濟堂就不再宣講。原本普濟堂左殿的勸善堂因閒置無用，於民國75年（1986）改建為太歲殿。[32]

普濟堂太歲殿（大料崁文教基金會提供）。

興建廟宇

普濟堂發展初期並無廟宇，先後借用江傳興、江序抱私宅設座供奉三恩主公，私堂性質相當濃厚。然而隨著普濟堂香火漸盛，信徒日增，發展出相當規模的鸞堂組織後，原先供奉三恩主公的民宅逐漸不敷使用，遂有建廟的提議。

江序益、呂建邦、江健臣、江次全、黃希隆、鍾會南等發起大溪地方
之募捐，共得寄附金四千圓，遂聘請匠師葉金萬負責廟宇之建築，於
明治四十年四月動工，明治四十一年八月竣工，即現在廟宇是也。[33]

明治38年（1905）2月，江序益等仕紳募捐籌湊資金，延師相地，選購游添成住宅（日治時期地址為草店尾街104番地，今普濟路34號）做為廟址。明治40年（1907）4月動工，按原屋形貌稍加整修。明治41年（1908）8月普濟堂廟宇興建工程完竣，計建築正身五間，配合兩邊護廊。普濟堂建成之後，《臺灣日日新報》報導：

普濟堂廟宇峻工後第一任經理人敬獻之「功高參贊」牌匾（陳志昌拍攝）。

新構普濟堂擴構兩廊加以油擦，經該地信士捐緣贊裏。該堂建築頗稱
軒昂幽雅，騷客墨士閒其間者，絡繹不絕，作避暑之地尤為得宜焉。[34]

可見，甫建成之普濟堂「雖非雕梁畫棟，頗稱堂構事美」。[35]

明治41年（1908）農曆11月吉旦，普濟堂自唐山恭迎關聖帝君神像鎮殿。
普濟堂發起人江序益未及廟成，已於開工當年逝去，[36]施工期間改由呂鷹揚加
入建廟活動。呂鷹揚於廟宇建成之後，與呂建邦、江健臣、江次全、黃希隆、
鍾會南等人成為普濟堂第一任經理人，並聘請齋明堂僧侶簡進富擔任廟祝，打
理普濟堂庶務。[37]

建廟完成初期，普濟堂不同於一般廟宇購置田產，以坐收租金來支付開銷，其除廟地建址外，並無廟田，經濟來源仰賴街民及信徒捐獻。為取得穩定資金來源，維持普濟堂庶務運作，明治42年（1909）成立「普濟會」，由會員固定寄附緣金做為普濟堂營運所需資金。此後，普濟堂才有穩定的財務來源。
38

1960 年代普濟堂改建後的三聖恩主公神像（普濟堂提供）。

地方公廟

明治41年（1908）廟宇建成之後，原先極盛一時的扶鸞活動，因主要領導者江序益、廖運藩相繼去世，扶鸞執事工作人員散去，逐漸凋零。加以，大正4年（1915）發生以鸞堂形式起事的「西來庵事件」，臺灣總督府對鸞堂活動頗多監視，扶鸞活動逐漸衰微。最遲至昭和初年（1926）普濟堂便已不再扶鸞，普濟堂逐漸脫離鸞堂色彩，由鸞堂逐漸轉型成一般性的地方廟宇。

約於普濟堂扶鸞活動結束前後，普濟堂開始提供「藥籤」讓信眾求取，以取代「扶鸞」問世的宗教性服務。所謂的「藥籤」就是由信徒向神祇求取擲筊，經由神諭，由神祇為病人所開之處方。其求取的方式與「運籤」相似，籤紙上書有籤詩，籤詩上載有藥方。普濟堂「藥籤」與本堂祭祀的藥草神柳天君有極大的關聯性。柳天君為普濟堂主祀三聖恩主公孚佑帝君部將，據傳，柳天君因嘗百草試藥，故其臉為綠色，其神格為「藥草神」。

事實上，普濟堂之「藥籤」為大溪全昌堂中藥行林長春中醫師所編寫。林長春不僅為傳統中醫師，更陸續於大正14年（1925）、昭和3年（1928）取得日本官方藥物製造與販售許可證，以及西漢藥種商考試合格，在診病用藥上專業精確。林長春為普濟堂廟務頭人，在參與廟務過程中，他有感當年民眾在醫療上的諸多不便，於是參照醫書名方，編寫「男、女二科」各一百首「藥籤」，供信

「木雕狀元」林福清大師雕塑的柳天君神像（大料崁文教基金會提供）。

眾求取，並依「藥籤」上藥方買藥治療。普濟堂「藥籤」除神效靈驗，又極其專業，成為普濟堂特色之一。

扶鸞活動衰微後，普濟堂廟務由呂建邦、江健臣等地方菁英操持，比照傳統寺廟模式管理，辦理慶典活動。普濟堂先後聘請老菜媽、姚回想、簡進富等人擔任廟祝，處理寺廟庶務。[39]大正3年（1914）開始舉辦關聖帝君遶境；大正6年（1917）添建拜亭，奠定普濟堂廟宇整體規模；大正9年（1920）舉行慶成建醮。此後，隨著祭祀圈擴展以及遶境活動規模日趨龐大，逐步發展成大溪的「地方公廟」。

所謂的「地方公廟」，就是由地方居民共同集資興建，且該廟舉行祭祀、慶典活動時，該地區居民有義務捐助金錢或共同參與該廟的相關活動。[40]由此看來，由江序益等地方仕紳募捐籌措資金建立的普濟堂，其信仰圈範圍涵蓋區域，以及地方群眾對關聖帝君遶境慶典活動的投入規模，成為普濟堂能否轉型為「地方公廟」的重要指標。

普濟堂由江序益、呂建邦、江健臣、江次全、黃希隆、鍾會南等人發起大溪地方人士募捐建廟後，信仰圈持續擴大。大正9年（1920）後調查成書的《大溪郡寺廟臺帳》記載著當時普濟堂廟務發展狀況：

> 信徒數15,310人，維持區域及維持者數大溪郡大溪街的大溪、月眉、田心子、內柵、石屯、三層、新溪州、舊溪州。[41]

可見此時普濟堂的信徒不再僅以「上街」與「下街」（今天的普濟路與和平路）的居民為主，其信仰範圍已經擴及到烏塗窟以外的整個河東地區。此外，

自大正3年（1914）普濟堂開始舉辦關聖帝君遶境活動，除大溪街區子弟社團（大溪當地稱之為「社頭」）——樂安社、同人社、興安社、協義社、大有社——加入遶境行列，街區之外三層、內柵、月眉的社頭，如新勝社、福安社、仁安社、月眉團（今「農作團」）亦相繼而起，參與遶境活動，烏塗窟社頭團體則在昭和初年（1926）前後加入遶境，納入普濟堂信仰圈。[42]

普濟堂關聖帝君遶境規模不斷擴大，參與人數從二、三千人增加到六千多人，遶境範圍也遍及大漢溪河東地帶。大正15年（1926）《臺灣日日新報》報導：「大溪街例於舊曆六月二十四日恭迎普濟堂文衡帝遶境，視為地方有數之盛典。」[43]昭和11年（1936），《臺灣日日新報》更進一步指稱普濟堂遶境為大溪「當地年中唯一盛典」。[44]

昭和12年（1937）日本在推行皇民化運動前出版的《大溪街市一覽》中提到，為配合臺灣總督府積極推動國家神道，以「祭典改善」為名，將大溪地區所有祭典的日期統一，留下「一、春祭新曆三月十五日，二、普濟堂關聖帝祭舊曆六月二十四日，三、盆祭（慶讚中元）新曆八月十五日」。此三項之外，所有祭典全部廢止。[45]凸顯出6月24日普濟堂遶境在本地的重要性，也相當程度地展現普濟堂於地方上的地位。可見日本統治後期，普濟堂已發展成大溪地區首屈一指的「地方公廟」。

普濟堂藥籤櫃的男、女二科藥籤（大料崁文教基金會提供）。

廟務中止

　　昭和11年（1936）9月，小林躋造奉派擔任臺灣總督後，提出「皇民化」、「工業化」、「南進基地化」等三大治臺原則，推動「皇民化運動」。[46]所謂的「皇民化運動」就是要在物質、心理的層面上，讓臺灣的土地、居民，徹底去除從前的思想、信仰、物質，成為完全的皇國土地與居民。簡言之，就是改造臺灣人的生活方式與風俗習慣，使其同化為日本人。[47]在宗教信仰方面具體的做法是以日本的神道思想取代臺灣固有的宗教信仰，推行「寺廟整理」政策將臺灣寺廟合併或廢置，以達到「信仰的皇民化」。[48]

　　「寺廟整理」是「信仰皇民化」的具體政策。該政策認為臺灣以寺廟為中心的傳統信仰生活，將會助長迷信與陋習，妨害本島教化與皇民化運動。因此臺灣總督府推動「寺廟的整理與廢合」運動，將臺灣民眾從舊慣信仰轉化成「神社信仰」、「皇民信仰」。[49]臺灣總督府將「寺廟的整理與廢合」交由各州廳辦理，因此隨各州廳採取的方針與執行的態度不同，造成的影響也因地而異。大溪郡所在的新竹州的執行方針為「寺廟當然是以全廢為原則，不准新設，但過渡方式得廢合存置一街庄一寺廟」。[50]

在「寺廟的整理與廢合」如火如荼地推動之下，臺灣民間的諸神崇拜被禁止，各項宗教亦被迫中止。大溪各廟宇除佛教系統的齋明寺、蓮座山觀音寺得以倖存，其他廟宇被挪作軍用品加工廠、倉庫或其他活動場所。這些廟宇祭祀的主神在退神儀式結束後，先統一存放於普濟堂，後又移往蓮座山觀音寺。[51]普濟堂在此波「寺廟的整理與廢合」運動下自然無法置身事外，宗教活動與慈善事業皆被迫中止。

「寺廟的整理與廢合」運動不只對臺灣信仰造成相當大的衝擊，對傳統戲劇、音樂的傳承也帶來負面的影響。普濟堂關聖帝君遶境停辦，社頭團體的子弟戲與各式陣頭失去了表演舞臺；臺灣總督府全面禁止民間演奏傳統樂器，社頭傳統音樂的練習與演奏宣告終止，導致臺灣光復前，諸多社頭解散，北管與子弟戲的傳承出現了斷層。

戰後復甦

臺灣光復後，在呂傳命和地方人士奔走努力下，廢棄八年的普濟堂逐漸恢復活力。大溪各社頭也在頭人的號召下重新組織、排練，重新加入關聖帝君遶境行列。民國47年（1958）《民聲日報》報導「大溪大拜拜」呈現空前熱鬧的盛況：

桃園縣大溪鎮迎聖帝（恩主）於九日（農曆六月二十四日）舉行，上午八時各鄰別民眾之音樂團集合聖帝廟登香，爆竹震天，八音、大鼓、龍舞，男女隨香團等順序遊行……該廟前廣庭夜露天演戲，遊興節目很多，復興鄉的山地姑娘成群下山參觀，觀眾人山人海……據有關方面統計，此祭典人民約花費百萬元。[52]

從新聞報導中不難看出，參與遶境的陣頭有北管、大鼓、舞龍。遶境當晚，廟埕恢復子弟戲演出，到處人山人海，似已恢復「信仰皇民化」之前遶境的榮景。

在這段期間，普濟堂關聖帝君遶境表面上看起來似是隨著臺灣光復，從傳統民間宗教、戲劇、音樂束縛中解放，呈現活絡的狀態。其實普濟堂盛大的遶境活動在光復初期的臺灣傳統慶典中，是較為特殊的發展個案。

臺灣光復後，臺灣省中央機構為避免人民「崇拜神權迷信」，採取「改善民間習俗」方針，對臺灣民間信仰相關活動多所限制。

民國36年（1947），臺灣省行政長官公署不僅沿用民國18年（1929）公布的《監督寺廟條例》，更公布了《查禁民間不良習慣辦法》、《倡導民間善良習慣實施辦法》。民國38年（1949），臺灣省政府頒訂《各縣市（局）鄉鎮區縣轄市改善民俗實踐會之組織及活動要點》。民國48年（1959）7月15日，臺灣省政府頒行《臺灣省改善民間習俗辦法》，並於翌年要求各縣通知所屬鄉、鎮、市成立「改善民俗實踐會」，藉以推動戰時生活、節約禮儀，改善民間習俗。[53]

大溪鎮公所依此辦法，於翌年3月2日召開代表會議，通過〈大溪鎮改善民俗綱要〉、〈大溪鎮民改善民俗節約建立模範公約〉，規定「大溪鎮一年只能舉行祭典一次，鎮代會議決選定六月二十四日普濟堂遶境」，並限制大溪普濟堂遶境之外的各項祭典。[54]普濟堂關聖帝君遶境成為大溪當地每年唯一能舉辦例祭的決議，說明了關聖帝君遶境於大溪民眾的重要性，也再次肯定了普濟堂身為大溪「地方公廟」的地位。

廟宇重建

　　戰後時局漸趨穩定，祭祀慶典活動也逐漸恢復昔日榮景。但興建逾四十年的普濟堂建築年久失修，破舊不堪。

　　因抗戰時期日人干涉廟宇八年冷落，且為星霜民易難免滄海桑田，不但丹青剝落，幾至樑折傾頹，雖觸目驚心，怎奈東損西塌，無法再延。[55]

民國 50 年（1961）普濟堂修建樂捐受理處（普濟堂提供）。

民國55年（1966）普濟堂慶成建醮紀念特刊（普濟堂提供）。

由於普濟堂建築損壞嚴重，民國50年（1961）呂傳命與地方仕紳多人發起重建普濟堂，成立「大溪鎮普濟堂修建委員會」，共議改建普濟堂。「修建委員會」同時發起各界樂捐，於翌年2月破土動工，民國54年（1965）廟宇修整完成，並於隔年舉行慶成建醮。[56]

在普濟堂修建過程中，值得注意的是，主導廟宇重修的呂傳命，透過翻修廟宇的機會，將大溪地方菁英份子納入「大溪鎮普濟堂修建委員會」，進一步拓展了普濟堂的影響力。「大溪鎮普濟堂修建委員會」由呂傳命擔任主任委員，歐榮文、江宗超等人為副主任委員，並聘大溪鎮十七個里的里長及十大姓代表計三十一人為常務委員。[57]從「大溪鎮普濟堂修建委員會」的成員組成可看出，普濟堂期望藉由地方菁英份子的參與，擴大其影響力及信仰範圍。

民國 51 年（1962）改建前之舊普濟堂（普濟堂提供）。

民國 52 年（1963）普濟堂附設勸善堂成立（普濟堂提供）。

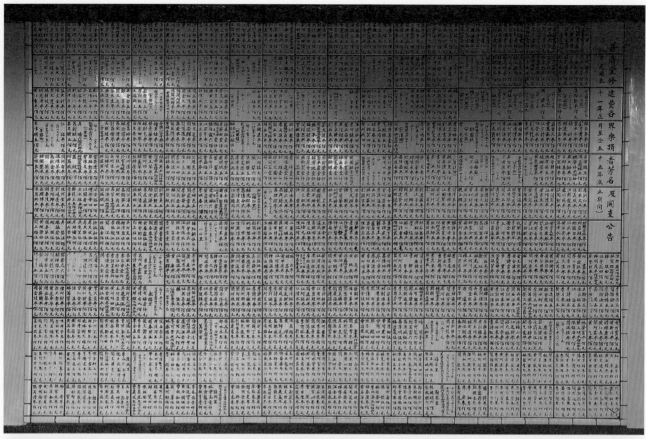

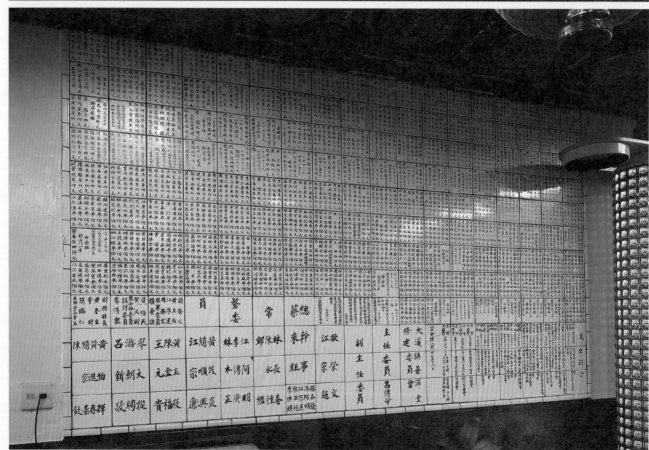

上｜民國 51 年（1962）修建費各界樂捐芳名（普濟堂提供）。

下｜民國 51 年（1962）修建開支公告（普濟堂提供）。

　　首先，普濟堂修建期間所當選的十七位里長皆為「大溪鎮普濟堂修建委員會」成員。里長為各里政治上之代表，擔任此職務者在地方上往往具有一定的財力與影響力。將大溪十七個里的里長皆納入整修普濟堂的決策圈，彷彿讓普濟堂的整建翻修，成為大溪各地共同參與的事務，具有宣示普濟堂為大溪地方公廟的象徵性意義。

　　其次，普濟堂也可借重里長的人際關係與影響力，協助廟方收取緣金，甚至可進一步擴大緣金收取的範圍與人數。再者，納入「大溪鎮普濟堂修建委員會」的十七位里長中，包含大漢溪以西各里的里長，員林里里長歐榮文更是擔任副主任委員要職。吸納河西各里長加入廟務運作，使普濟堂突破日治時期以河東為主的信仰範圍，將其影響力伸展到河西這一帶。

　　最後，「大溪鎮普濟堂修建委員會」納入大溪十大姓氏代表。自清末福仁宮建立十姓輪值制度以來，[58]大溪各庄廟皆仿效此制度，以姓氏結合人群建立祭祀組織。普濟堂以福仁宮十姓代表為常務委員，除可吸納原有各姓的祭祀組織，為普濟堂修建提供現成的人力、物力，更可進一步應用姓氏組織的動員力量，拓展影響力。[59]

信仰範圍

　　信仰範圍，學界一般稱作「祭祀圈」，指的是「為了共神信仰而共同舉行祭祀的居民所屬的地域單位」。[60]此地域單位會有清楚的界線，界線內的居民有義務共同參與祭祀活動，並分擔祭祀費用。祭祀費用大部分會從祭祀圈內按人數，以收緣金（丁口錢）的方式取得。男性收丁錢，女性收口錢，通常男丁錢為女口錢的一半。一般而言，祭祀圈內的居民，其權利、義務的具體表現有四：出資興建或修建廟宇；繳交緣金；可以擲筊值年爐主、副爐主；以出錢或出力的方式，參與廟宇慶典活動。

　　普濟堂最初的祭祀圈雖無明確記載可考，但從由日治時期流傳迄今，具資格擲筊值年爐主（卜爐主）的地區來看，[61]應該是最初參與普濟堂仕紳所居住的大嵙崁街、田心仔庄、月眉庄及石墩庄一帶，約為今日福仁、興和、田心、一心、一德、月眉等六里。

大正8年（1919）普濟堂遶境路線：

衣冠鼓樂到堂口取齊後，先由下街巷口抵月眉、上下石墩，經田心仔、尾寮、三層頭寮，至埔尾角午餐。下午由內柵下坎經醮寮埔，上田心仔、上街、新南街，然後回堂。[62]

普濟堂傳統祭祀圈行政區域變遷

清末	大正9年	民國35年	民國59年	民國87年
大嵙崁街	大溪大字	興和里	興和里	興和里
		福仁里	福仁里	福仁里
田心仔庄	田心子大字	一心里	一心里	一心里
				田心里
			一德里	一德里
月眉庄	月眉大字	月眉里	月眉里	月眉里
石墩庄	石屯大字			

（資料來源：陳志昌整理）

此時普濟堂遶境路線已擴大到內柵、三層一帶。再依照大正9年（1920）後成書的《大溪郡寺廟臺帳》記載，普濟堂的信仰圈有「大溪街的大溪、月眉、田心子、內柵、石屯、三層、新溪州、舊溪州」。[63]可見大溪河東地帶除烏塗窟之外，已進入普濟堂的信仰圈。昭和10年（1935）《臺灣日日新報》報導當年普濟堂恭迎神輿遶境，參加的團體有：

三層團、內柵團、烏塗窟團、月眉團、興安社、大有社、協義社、同人社、樂安社、慶義社、鰲龍社、共義團、永安社。[64]

新聞報導中的「烏塗窟團」顯然是烏塗窟的同義社，可見最遲到昭和10年（1935），普濟堂的祭祀圈已經進一步擴及到大溪的整個河東地區了。

　　民國50年（1961），普濟堂透過組織「大溪鎮普濟堂修建委員會」翻修廟宇的機會，將大漢溪以西各里的里長納入委員會委員名單，吸納河西各里長加入廟務運作，期望突破日治時期以河東為主的信仰圈範圍，將其影響力伸展到河西一帶。民國55年（1966）12月1日，普濟堂舉行慶成建醮大典中，河西「簡新記」公號[65]（位於今大溪區瑞興里）接領建醮祭典「四大柱」[66]之首的正主會，說明了普濟堂重建完成後，影響力已擴及到河西地區。

民國55年（1966）普濟堂管理委員會全體委員合影（普濟堂提供）。

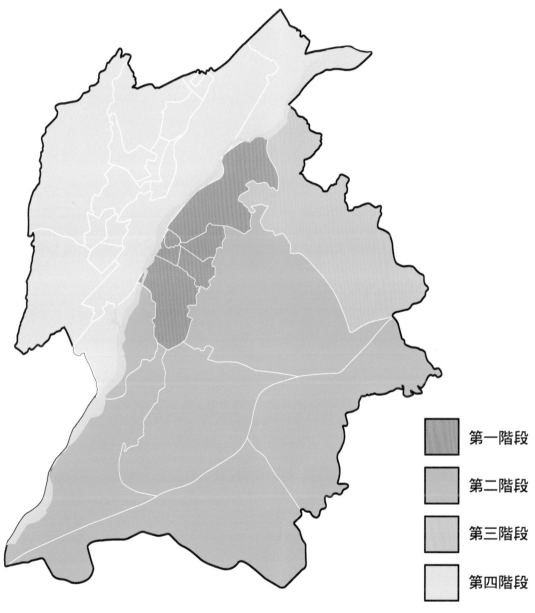

祭　祀　圈　擴　大　圖

第一階段

第二階段

第三階段

第四階段

普濟堂祭祀圈擴大圖。（資料來源：本研究蒐集。蒲姿璇、張沂鈞繪製。）

　　民國60年代左右，河西南興永昌宮、埔頂仁和宮各廟主委夥同部分河西居民，向普濟堂要求關聖帝君聖誕遶境隊伍進入河西各里。經普濟堂廟方與社頭團體協調後，遶境隊伍進入河西。[67]民國80年（1991），河西正式成立第一個社頭──嘉天宮同義堂──參與遶境。民國90年代之後，河西陸續籌組帝君會、玄元社、聖廟無極總宮等社頭，積極參與遶境活動。由此可知，時至今日，普濟堂祭祀圈已遍及大漢溪兩岸的大溪地區了。

　　祭祀圈持續擴張，除了代表收取緣金的範圍變大、收取的緣金增多、廟宇所能運用的財源將更為充裕，也象徵著普濟堂祭祀主神關聖帝君神威顯赫、廣受信徒信賴。

　　因河運港口、各類行市商賈雲集於此，以職業及社會背景等條件成立各種社頭，關於各社頭的成員屬性，請見附表。

日本時代社頭成員屬性

社頭名稱	社員屬性
同人社	一起前往金九地區採金礦的工人
樂安社	喜好演奏曲樂的同好及朋友
興安社	生意人及零售商人
大有社	仕紳、富商、有錢人
協義社	林場工作者、製材業及木器業
慶義社	水泥匠及土水業
慶安社	不可考
新勝社	礦主、礦工及三層街區店家
福安社	農民及福安宮信眾
仁安社	仁安宮信眾、內柵居民及農民
農作團	月眉地區農民、李姓及江姓家族成員
永安社	娘仔坑居民、茶農及農民
同義社	烏塗窟一帶礦工及居民
共義團	輕便車夫、木工、礦工等

（資料來源：普濟堂，桃園市立大溪木藝生態博物館）

聖帝遶境

普濟堂關聖帝君聖誕遶境是每年大溪最重要、最具代表性的宗教活動。每逢端午節前後,普濟堂值年爐主、副爐主,以及各地社頭,開始緊鑼密鼓,籌辦關聖帝君遶境活動。旅居在外的大溪子弟也會盡可能趕回來,參與遶境活動。到了聖誕遶境當天,每個社頭無不使盡渾身解數,是爭場面、拚排場、比功夫,也是競相展現對關聖帝君信仰的虔誠之心。因此,「六月廿四」是大溪人共同的成長經驗,不僅僅是聖帝公聖誕出巡,也是大溪人「第二個過年」。

每年參與六廿四遶境的關公神尊(大嵙崁文教基金會提供)

chapter 02

遶境源起

　　「遶境」又稱「巡境」、「出巡」、「巡庄」、「遊境」，指的是神祇在廟宇神職人員、各種陣頭、其他神祇及隨香群眾陪同下，由自己的廟宇出發，巡視自己轄區後，再回到自己廟宇的遊行過程。在宗教的意義上，「遶境」代表神明降臨人間，於信徒居住範圍內巡視保佑信徒平安，並驅逐、淨化境內不潔邪物，是一種「淨化儀式」。[1]也由於神明遶境範圍主要以信徒居住區域為主，因此「遶境」往往成為確認主神祭祀範圍的重要指標。[2]

　　明治41年（1908）普濟堂廟宇建成之後，因扶鸞活動主要領導者相繼凋零，加以「西來庵事件」後，臺灣總督府對鸞堂活動頗多監視，普濟堂扶鸞活動遂日漸衰微，慢慢脫離鸞堂色彩。其後，普濟堂廟務由呂建邦、江健臣等地方菁英操持，比照傳統寺廟模式管理，辦理慶典活動，朝一般性地方廟宇型態發展。遶境是民間一般廟宇常見的宗教活動，普濟堂廟宇建成後於大正3年（1914）開始舉辦遶境儀式。日治時期《桃園縣大溪鎮寺廟臺帳》記載：

> 普濟堂建立以來，地方頗為平安，住民信仰深厚，大正三年六月的祭日，開始在區域內巡狩，而行列之狀況隨年歲而愈見盛大。[3]

桃園市鄭文燦市長對六廿四遶境文化的保存與推動不遺餘力（桃園市政府新聞處提供）。

　　大正3年（1914）是普濟堂建成的第六年，隨著扶鸞活動淡出，廟方改以遶境活動來維繫信徒的向心力。伴隨著各項表演與陣頭的遶境活動，一方面可以感謝神恩、表示誠心，一方面又具有娛樂競技效果，吸引更多信眾參與，有利於壯大普濟堂的聲勢。[4]

　　遶境的最初型態，只是由江次全家裡的佃農背著神像，沿著大嵙崁街區所進行的小規模遶境活動。直到大正6年（1917），大溪第一個參與普濟堂遶境的社團同人社加入遶境行列，[5]促使各社團競相加入，遶境活動愈發精采熱鬧，遶境規模也愈發盛大。

從日治時代至今之六廿四遶境路線線大同小異，本圖為2022年遶境路線（桃園市立大溪木藝生態博物館提供）

聖帝點金

　　普濟堂的遶境活動發展極為快速，不出數年便頗具規模，其興盛原因跟大溪實業家簡阿牛「聖帝公點金脈」的神蹟，以及所引領的大溪各社團積極參與有很密切的關係。

　　簡阿牛以樟腦為業，當樟腦業逐漸衰微後，他開始轉移投資目標，[6]與呂建邦、呂鷹揚等人合資，於大正2年（1913）成立「建成商行」，並於大正3年（1914）於九份設「建成金鑛部」開採金礦。[7]據大溪耆老簡瑞仁所言：

> 大溪有名的實業家簡阿牛原做樟腦買賣，後來樟腦業逐漸沒落了，便到礦業去，當時跟簡阿牛結腦的人多，樟腦收起來時，那些人便到金仔山採金。當時金仔山有股份的人像呂總理、呂秀才等人，大溪有錢人都有投資，所以金仔山的人大部分是大溪人。要開8、9號坑時，就請聖帝公去點坑位，結果這個坑位就挖到很多金子。[8]

　　簡阿牛初期採礦並不順利，後來恭請關聖帝君指點坑位，才得以挖掘到金礦。簡阿牛「聖帝公點金脈」的消息躍上新聞版面，大正5年（1916）《臺灣

日日新報》以〈簡阿牛之幸運〉為題，報導簡阿牛採礦遇上金包，獲利數萬元。加上簡阿牛將部分礦區轉租他人採掘，小承包商屢獲巨利的風聲四起。許多逐利者莫不爭先向簡阿牛定期承租礦區挖掘金礦，以期跟上這股挖掘金礦的熱潮，因此建成金鑛部的營業額顯著攀升。[9]簡阿牛為感謝神恩，對於普濟堂恭迎三聖恩主公的慶典不遺餘力。

> 桃園廳下大料崁街歷年舊曆六月二十四日為恭迎普濟堂三聖恩主，前由
> 經理人發柬招待各界紳董，磋商議決轄下十九保聯庄恭迎。……值年爐
> 主簡阿牛氏頗熱心，出為鼓舞，諒屆期定有一番盛況可觀也。[10]

大正5年（1916）普濟堂經紀人邀集各界紳董會商，決議以轄下十九保聯庄恭迎聖帝遶境，值年爐主簡阿牛熱心參與，除了出錢出力，亦達到拋磚引玉效果，遠近多人響應。是年遶境，迎神行列有二、三千人，「均往各村遊境，午後三點歸崁。入夜後裝設電燈五、六百盞，光射街衢，遠近來觀者雜沓異常。」[11]此後，普濟堂每年按此例迎三聖恩主公遶境，簡阿牛贊助遶境不遺餘力，招聘桃園各地陣頭、雜耍、珍趣等，豐富遶境內容。[12]由此可見，普濟堂遶境活動之所以愈辦愈盛大，大正5年（1916）經理人擴大聯庄辦理，以及挖金致富的值年爐主簡阿牛之參與，至為關鍵。

挖金致富的簡阿牛（普濟堂提供）。

遶境熱潮

　　普濟堂關聖帝君遶境，發展迅速、規模擴大，是由於行業、地緣團體紛紛成立社頭，以組織的方式參加遶境，才迅速吸引到大溪居民的注意。其中，以前往九份採金致富的投資者、工頭、工人為主組成的同人社，扮演重要的引領角色。

　　樟腦業走下坡，不僅影響到經營樟腦生意的仕紳、實業家，許多在山區製腦維生的腦丁為求生存，紛紛改行隨簡阿牛等人前往九份當礦工。「當時要開8、9號坑時，就請聖帝公去點坑位，結果這個坑位就挖到很多金子，這對工人也很好。」[13]這群跟隨著簡阿牛等人遠赴九份打拚挖掘金礦的投資者、工頭與礦工，被稱為「金山客」。

　　金山客在採金致富後，為感念關聖帝君保佑、酬謝神恩，於是在礦業股東黃丙南的倡導下「發起同人社，那些工人便1元、2元地捐出來，建造一頂神轎，此後每年關聖帝君聖誕之日，便以此轎恭迎主神神像出巡」。[14]

　　在黃丙南號召下，「金山客」組成社團「同人社」，群聚眾力集資刻製六角神轎一座，並以該轎恭迎普濟堂關聖帝君出巡遶境，此為大溪社團參與遶境活動的開始，也引領起大溪民眾組織社頭參與遶境的熱潮。

　　同人社刻製神轎參與遶境，能迅速得到大溪居民、行業組織認同，紛紛加入遶境行列、壯大遶境規模的原因，一者是同人社透過刻製神轎參與遶境，為「聖帝公點金脈」的神蹟推波助瀾，彰顯關聖帝君神威顯赫，吸引朝聖者絡

繹不絕。二者，當時大溪街區商業繁榮，木業、茶葉等產業獲利頗豐，各行業
從業人員願意挪出經營或工作所得，組成社頭組織，於武財神關聖帝君聖誕之
日，出錢出力慶祝神誕。[15]三者，首度參與遶境的同人社隊伍，激發起大溪地
方仕紳及各行業頭人的競爭心態，投入遶境活動。大正6年（1917）8月6日，
《臺灣日日新報》報導當年「崁津迎神狀況」：

> 是日餘興詩意、藝閣、獅陣，難以悉數。聞有福州人迎招財王，衣裳
> 雖屬時派，然樂器、板調些少不整。最趣味者有黃丙南發起同人社
> 員，服色一致，隊伍亦整。崁津之青年樂隊若不再加整頓，則瞠乎人
> 後矣。[16]

俗語說：「輸人毋輸陣，輸陣歹看面。」以「金山客」採礦工人為主組成
的同人社，甫出場就贏得滿堂喝采，成為遶境目光焦點，自然激起大溪街區商
人、仕紳及其他行業不服輸的心態，組織社頭投入遶境行列，豐富遶境內涵，
也壯大了遶境規模。[17]

大正6年（1917）同人社刻製神轎參與遶境，才經過短短二、三年，《臺
灣日日新報》就報導「參加普濟堂遶境者有數千人」[18]、「沿途旌旗掩映，迤
邐相望，延長五臺里」[19]之遶境盛況。由於同人社與普濟堂關聖帝君遶境活動
的深厚淵源，每年遶境時，皆由同人社負責扛主神轎的任務，遶境成員享有穿
著黃衫、黃褲，且位於遶境隊伍尾端壓陣之殊榮。[20]

大仙尪入街（林瑞家提供）。

公賞競技

從同人社製作神轎參與遶境，大溪地方人士紛紛籌組社頭參與的過程，可看出社頭參與遶境活動時，本身就具有互別苗頭、相互競爭的心態。《桃園縣大溪鎮寺廟臺帳》記載遶境活動開展初期，各社頭的競爭：

> 大正九年以來，住民信仰日漸深厚，參加遊行的行列如洋、台二式樂隊以及各社團組織，並有優勝之競爭。主要的團體如興安社、大有社、同人社，各社每年需花費千元以上。[21]

從這段記載看來，早期遶境行列中就存在著社頭之間相互較勁、互相競技的狀況。大正14年（1925）前後，普濟堂設計了「大溪公賞」的「賞旗」、「競賽」制度。[22]「賞旗」是普濟堂為答謝社頭對慶典遶境活動的支持，致贈給參與遶境社頭團體的旗幟，此旗幟一般稱作「公賞旗」。直至戰後，普濟堂仍維持致贈賞旗的傳統，近十餘年則改為頒贈金牌。此外，普濟堂也會對於遶境

樂安社「特勝」公賞旗（樂安社提供）

農友團的牛犁陣（農友團提供）。

行列中拚陣較勁的社頭團體評定等第，並頒發上頭繡有「特勝」、「優勝」字眼的公賞旗。[23]當年《臺灣日日新報》報導：

> 是日天氣晴朗而帶微風，六千人之大行列咸見平安，旗鼓樂隊數十隊，而有大有社、興安社、協義社、同人社公賞與優勝旗，其他十二社各賞與特勝旗幟。而同人、興安、協義三社連演定子弟戲三天，各賞金牌一面，皆形喜色云。[24]

新聞報導中，獲頒優勝、特勝賞旗及金牌的社頭莫不喜形於色。不過，社頭團體出錢出力，主要是為酬謝神恩，其高興的重點並不在獲得旗牌等物質上的價值，而是精神上的肯定──在遶境此大型的活動展演舞臺上，其「演出」不僅獲得肯定，甚至是技壓群雄的滿足感。

普濟堂「大溪公賞」的競賽，催化了社頭間相互較勁的氛圍，讓各社頭的遶境隊伍演出更為精采。各社頭無不絞盡腦汁，想方設法讓自己的遶境隊伍與眾不同，除了要凸顯社頭組成成員特色，又要吸引圍觀或隨香信眾的目光。在此較勁的氛圍下，大溪各社頭紛紛發展出各式專屬的特色陣頭，如協義社的墨斗陣、興安社的大算盤、聯合西樂隊的日式造型神轎，以及農作團、農友團的牛犁陣、鬥牛陣。[25]此競賽制度，使大溪普濟堂遶境陣頭的活動更加多元，也更具可看性，在全國的宗教活動中是絕無僅有的！

猝然中止

遶境活動最初只遶行大溪街區一帶，但隨著熱鬧程度與遶境規模與日俱增，街區以外的地區，開始表達加入遶境的意願。

當時頭寮頭人林某和尾寮頭人簡某看活動非常熱鬧，因此找普濟堂頭人表達欲參加的意思。但是普濟堂方面擔心頭寮、尾寮距離太遠，會耽誤社頭用餐，簡林兩人便稱所有迎至三層的社頭，皆由當地居民提供點心。[26]

三層當地提供點心慰勞遶境隊伍，希望遶境範圍擴大到三層地區。據大正8年（1919）《臺灣日日新報》報導，當年遶境路線：

路關先由下街、巷街抵月眉、上下石墩，經田心仔、尾寮、三層頭寮至埔尾角午餐，下午由內柵、下崁經醮寮埔，上田心仔、上街、新南街，然後回堂。[27]

　　大正8年（1919）遶境範圍已擴及到除烏塗窟之外，大溪河東的月眉、石墩、內柵、三層等地。昭和10年（1935）《臺灣日日新報》報導當年普濟堂恭迎神輿遶境，參加團體中已有「烏塗窟團」（烏塗窟的同義社），可見遶境路線已擴大到烏塗窟一帶。普濟堂遶境路線也逐漸向街區以外延伸，日治後期已涵蓋大溪河東大部分地區。

　　隨遶境範圍的擴大，各地亦紛紛自行成立社頭加入遶境行列隊伍。[28]昭和10年（1935）之前，月眉、三層、內柵、烏塗窟等地居民紛紛成立社頭，加入遶境隊伍。據統計，日治時期已有十五個社頭參與關聖帝君遶境儀式。

　　正當遶境路線不斷延長、規模持續擴大，遶境活動一片欣欣向榮之際，臺灣總督府卻開始推動皇民化運動，推行「寺廟整理」政策，將各寺廟合併或廢置，並禁止崇拜傳統民間諸神，企圖以日本的神道思想取代臺灣固有的宗教信仰。因此，臺灣民間各種宗教活動均被迫停止，普濟堂遶境活動猝不及防地被迫停止。

熱潮再起

　　臺灣光復後，普濟堂的遶境活動逐漸恢復往日舊景。大溪各社頭也在頭人
的號召下重新組織、排練，再度加入遶境行列。民國47年（1958）《民聲日
報》「大溪大拜拜」的報導中顯示，當日參與遶境的陣頭有北管、大鼓、舞
龍，夜晚廟埕已恢復子弟戲演出，到處人群聚集、水洩不通，似已回復日治時
期遶境活動之榮景。[29]

　　戰後遶境最重要的發展，莫過於民國50年代河西地方菁英加入普濟堂組織
運作，以及民國60年代遶境路線延伸到了河西一帶。日治時期，遶境活動已擴
大到了大溪河東一帶。不過，遶境範圍遲遲未擴及河西，主要原因是昭和9年
（1934）大溪橋竣工前，溝通河東、河西兩岸的臨時木橋常遭洪水沖毀，往來
交通主要仍仰賴渡船接運，不利於遶境活動之推展。大溪橋落成後不出數年，
又因臺灣總督府推行皇民化運動，遶境活動中止，遶境路線無緣跨過大漢溪。

　　民國50年代，普濟堂藉由廟宇重建及落成建醮活動，吸納河西地方菁英與大溪鎮里長加入廟務、祭典組織運作，並開始透過各里里長向全鎮收取緣金，普濟堂信仰支持區首次擴大到了河西一帶。民國60年代左右，河西永昌宮、瑞源宮、仁和宮各廟主委及地方民代認為，河西各里皆有繳納緣金，且對普濟堂廟務活動出錢出力，遶境活動不應厚此薄彼，期望遶境路線與範圍擴大到河西。河西代表經與當時普濟堂主委呂芳澧溝通後，遶境隊伍正式進入河西。此後，遶境活動成為大溪全區共同參與的活動。[30]

　　遶境路線雖已擴及到河西，然而河西並未有社團組織參與遶境活動。民國70年代以來，以黃明能為首的幾位地方仕紳認為，河西崎頂一帶已發展成商業

民國 55 年（1966）普濟堂重建落成後拜廟人潮（普濟堂提供）。

大 溪 社 頭 分 布 圖

崎頂
嘉天宮同義堂、
帝君會、
聖廟無極總宮

月眉
農作團、農友團、
大溪義消中隊

永福、烏塗窟
永安社、同義社

員樹林
玄元社

大溪街區
同人社、興安社、協議社、
樂安社、大有社、慶安社、
慶義社、振興社、老人會、
鎮豐社、一心社、哪德社、
共義團、聖母會

內柵
仁安社、金鴻慈惠堂

三層
新勝社、福安社

溪洲
福山巖、溪州忠義堂

頭寮
樂團社

復興三民
百吉聚賢慈惠堂

崎頂　月眉　永福　烏塗窟　員樹林　大溪街區　內柵　三層　頭寮　溪洲　百吉　復興

今日大溪社頭分布圖。（資料來源：本研究蒐集。蒲姿璇、張沂鈞繪製。）

中心，河西人口多於河東，且普濟堂收取的緣金也已多於河東。因此，民國79年（1990）向普濟堂爭取參與遶境，並於翌年正式成立同義堂參與遶境。[31]民國90年代之後，河西三王宮、皇天宮、聖廟無極總宮以河西只有一個社頭參與遶境，活動不夠熱鬧且由於遶境隊伍總是趕行程，信徒無法誠心參拜，紛紛成立社頭加入遶境行列。[32]

戰後遶境路線不僅只越過了大漢溪，將大溪全境納入活動範圍，遶境活動更進一步鼓動河西信眾直接參與遶境的熱情，民國80年代之後紛紛組織社頭團體加入遶境。今日，參與遶境的社頭團體遍及大溪河西、河東全境，社頭團體也從戰後初期的十多個社頭，暴增為三十一個社頭，見證普濟堂關聖帝君遶境，從小區域地方宮廟活動，發展成大溪「第二個過年」的全境活動過程。

由於遶境規模擴大、路線增長，且參與遶境的社頭數量不斷增多，導致遶境隊伍過長，關聖帝君返廟時往往已是凌晨三、四點。此外，遶境時間過長，對參與的社頭成員也會形成疲勞轟炸。[33]因此從民國94年（2005）起，普濟堂主委與社頭頭人討論是否將遶境分成兩天，並決議從95年起開始實施。此後，6月23日遶境主要以河西為主，24日遶境則以河東為主。

青銅加持

　　戰後初期至民國60年代，正值兩岸軍事對峙、局勢緊張之際。此段時期，政府致力於鞏固統治、發展經濟，有鑑於民間宗教活動耗費大量人力、物力，政府不斷宣導「改善民俗」、「節約樸實」等觀念，希望民眾能配合國家情勢，減少祭典活動的花費。除了經濟上的因素，政府並不樂見宗教祭典不受約束地蓬勃發展，擔心群眾聚集發生事故動搖政府統治權，因此以「減少祭典浪費」為理由限制祭典舉行次數，以減少龐大群眾聚集的機會。[34]

　　臺灣光復，普濟堂脫離日治時期的宗教管制政策後，廟務與遶境活動逐漸復甦，重現朝氣。戰後政府對宗教活動的管制雖不如日本政府嚴厲，但普濟堂也必須採彈性手段，以應對政府的「宗教節約」政策，並力求持續發展。而就在此當下，民國68年（1979）蔣經國總統贈與普濟堂關聖帝君青銅神像，讓普濟堂關聖帝君遶境從「宗教節約」中解了套，甚至得到進一步發展的機會。

　　民國64年（1975）4月5日，中華民國第一至五任總統蔣中正過世，遺體暫厝於大溪慈湖陵寢。其子蔣經國因此常至大溪慈湖謁陵，並拜訪大溪地方名勝廟宇。[35]民國68年（1979）5月20日，第六任總統蔣經國於慈湖謁陵後參訪普濟堂，發現普濟堂供奉主神為關聖帝君，欣喜之情溢於言表，主動表示欲將其自故鄉浙江奉化攜帶來臺，供奉於總統府青銅雕製之「關聖帝君神像」贈與普濟堂，雙方

呂芳澧主委（右一）自總統府專使魏景蒙（左一）手中接過青銅聖像（普濟堂，《普濟堂弘道實錄》）。

並擇定吉日，於該年7月16日（農曆6月23日關聖帝君聖誕前夕）舉辦奉迎大典，恭迎青銅關聖帝君神像入祀普濟堂。

奉迎大典該日，恭迎典禮極其盛大，總統府特派魏景蒙為專使，雙手恭捧青銅關聖帝君神像，於大溪康莊路口將聖像捧交普濟堂主委呂芳澧。聖像安置於神轎之內後，由大溪二十一位里長及各級民意代表輪流抬轎，展開盛大遊行。此遊行隊伍，以古樂以及周倉、關平神像為前導，跟隨其後的遊行隊伍中有──

「三層新勝社飛龍團」「共義團龍組」「樂安社清音」「廣東醒獅團」「武燕堂土地公」「協義社巨龍」「同人社坦克、軍艦、飛機」等民間遊藝，各子弟社團井序，鑼鼓喧天，隨香善信，數以萬計，遊行隊伍，迤邐兩公里有餘……盛況沸騰，為本邑所未有。[36]

聖像所經之處「旗彩飄揚，擺設香案膜拜，行經之處，民眾夾道歡呼，場面感人」。[37]從此次青銅神像奉迎大典的入祀遊行的熱鬧景象，完全看不出政府「宗教節約」政策下，宗教活動受到限制的困境，反倒是呈現了一場大溪前所未有的遶境盛況。從《中央日報》的一則報導可發現社頭團體參與此次遶境的巧妙運作手法：

大溪鎮所有的民間遊藝社團，昨天都參加了歡迎蔣總統贈送的關公聖像入奉普濟堂的大遊行，……最後一個遊行的隊伍是大溪同人社所組成，也是最精采的隊伍。他們以一輛製作逼真的坦克車做前導，接下來是軍艦和戰鬥機，軍艦還有汽笛，汽笛聲很響。坦克車、軍艦和戰鬥機象徵著陸、海、空三軍。隨後，同人社又製作了「光復大陸」四字橫區，極具意義。[38]

藝閣原本就能以多元的方式呈現：藝閣車上的主題可以是歷史人物、傳奇故事、神話場景，也可以是切合人民生活的電視、電影內容。同人社在兩岸長期對峙的情勢下，透過巧思安排「陸、海、空三軍光復大陸」為主題的藝閣參加遊行，果然引起當年政府重要宣傳報紙《中央日報》的矚目，報導其為「最精采的坦克車隊伍」。在政府所關注的遶境活動中，同人社呈現了切合國家政策的遊行內容，無異是為政府對遶境會「造成群眾聚集，動搖政府統治」的政策解套。

此尊由總統府贈予的青銅聖像，自民國68年（1979）入祀普濟堂後，除置於堂內供善信膜拜，每年一到關聖帝君誕辰日，則由各社團輪流恭抬遶境。[39]此後，普濟堂的關聖帝君遶境活動，藉由代表政府權威的青銅聖像「壓陣」，彷彿代表著總統意旨出巡，讓普濟堂遶境有別於一般民間宮廟的遶境活動，在政府「宗教節約」政策下得以豁免而持續發展。

蔣經國總統贈與普濟堂的關聖帝君
聖像（大嵙崁文教基金會提供）。

此外，由總統蔣經國贈與的青銅聖像也引起了民眾與遠近宮廟的高度關注，擴大其祭祀圈與影響力。大溪復興的百吉聚賢慈惠堂所供奉的關聖帝君青銅座像，即為仿造普濟堂青銅聖像所雕塑，且與瑤池金母、財神並列為該堂三大主祀神祇。[40]

大溪百吉聚賢慈惠堂關聖帝君青銅座像（聚賢慈惠堂提供）。

聖像返家

　　自民國68年（1979）蔣經國將青銅聖像贈予普濟堂後，該尊神像從此不曾返回總統府。普濟堂廟方一直想讓聖像「回娘家」，於是與大溪鎮長黃睿松討論聖像返家事宜。

　　黃睿松認為，位在北部的大溪鎮，每年關公聖誕遶境為地方盛事，且還有文藝季慶祝，熱鬧非凡。可惜的是，活動範圍僅限於大溪鎮。反觀南部廟宇每年媽祖出巡，遶境路線橫跨多個縣市。因此，黃睿松贊成讓聖像「回娘家」，讓關帝遶境活動走出大溪，打造大溪宗教盛事。於是，黃睿松向時任桃園縣長吳志揚提議，並獲得認同。

　　民國102年（2013）農曆春節期間，吳志揚利用總統馬英九至中壢造訪拜年時，提出青銅聖像回娘家的構想。馬英九表示十分歡迎，並指示盡快商訂日期。[41]

　　在獲得總統同意後，普濟堂方面由鎮長黃睿松、普濟堂主委陳義春、桃園縣政府農業局長曾榮鑑前往總統府進行協商，確定「回娘家」日期，以及聖像返家相關原則。青銅聖像回娘家日期定於關聖帝君聖誕日前夕的7月26日（農曆6月19日），欲前往的陣頭以舞龍、舞獅、北管、什音、大仙尪等民俗陣頭為主，其他如八家將、武轎則不准參與。[42]另外，礙於總統府場地有限，總統府只允許一百

位民眾隨神像進入總統府，與總統馬英九合影。因此，最後決定由鎮民代表、里長、普濟堂委員、各社團負責人暨相關人員代表進入。[43]

自青銅聖像回娘家的消息傳出後，大溪鎮各界響應熱烈，預估至少有一千人以上的各社團人員參與。「回娘家」當天，除了各社團有將軍、神童、北管、什音、舞龍、舞獅等陣頭表演，包括普濟堂的委員、大溪全鎮里長、鎮民代表、民俗促進協會成員及相關人員都熱情與會。[44]

7月26日凌晨五點，籌備五個多月的「關公回娘家·巡禮總統府」活動，由縣長吳志揚、鎮長黃睿松等焚香祝禱後，在熱鬧的鑼鼓聲中，將關聖帝君青銅像順利請上神轎完成起駕儀式。隨即，由千人組成的陣頭隊伍浩浩蕩蕩驅車前往總統府。[45]大溪各社頭團體陪同青銅聖像巡禮總統府後，於總統府前凱達格蘭大道的廣場演出舞龍、舞獅、神童、將軍、北管等表演活動，[46]藉以展現活躍的大溪社頭文化。

大溪社頭於總統府凱道廣場表演舞獅（大嵙崁文教基金會提供）。

社團聯誼

　　普濟堂六廿四關聖帝君遶境儀式，活動的主要團體是以從日治大正年間，為參加遶境活動而出現的社頭為主軸。各社頭團體長期以來皆自行籌募經費來訓練陣頭、購買設備，與普濟堂廟方並無隸屬關係。隨著遶境路線延長、規模擴大，參與者日漸增加、複雜，在遶境過程中容易出現衝突。為解決關聖帝君遶境所可能產生的相關問題，民國76年（1987）6月20日，大溪地區二十三個社團負責人組成「大溪鎮普濟堂社團民俗技藝聯誼會」（後簡稱「社團聯誼會」），[47]主要任務是整合地方傳統文化及慶典陣頭。

《社團民俗技藝協會會員大會手冊》（江智誠總幹事提供）。

民國97年（2008）4月18日，「技藝聯誼會」改組為「桃園縣大溪鎮社團民俗技藝協會」，正式登記立案為社團組織，以連結政府資源申請相關補助。[48]民國103年（2014）底，因應桃園縣升格為第六都，更名為「桃園市大溪區社團民俗技藝協會」（後簡稱「民俗技藝協會」）。[49]

民俗技藝協會重要的工作不外乎普濟堂的關聖帝君遶境活動。其主要的工作內容要點有三：

1.成為社頭與普濟堂溝通的橋梁

普濟堂雖為遶境活動主辦單位，但參與遶境活動的主要團體卻是大溪地區的社頭組織。大溪參與遶境的社頭組織有三十一個，[50]關於六廿四遶境活動，普濟堂廟方與社頭各團體間，難免會有不同意見。於是，民俗技藝協會就成為普濟堂與社頭之間的一個溝通橋梁。先由協會取得社頭間的共識後，再由協會出面與普濟堂協商。之後，協會再將協商決議內容通知各社頭成員。[51]

2.籌備遶境活動的相關事宜

每年農曆六月初一，會舉辦慶典籌備會議。在會議舉辦前十天左右，民俗技藝協會先行召集各社頭社長討論並決議遶境路線的勘查、當天路線的安排、社頭進場順序、請神、暗訪等事項。然後在六月初一的慶典籌備會議上向廟方報告，對於協會的安排，廟方基本上都是照單通過。[52]

桃園市大溪區社團民俗技藝協會社頭自律公約

一、社頭參加關聖帝君聖誕慶典活動，秉持關聖帝君之忠義無私精神共同來維護此項百年無形文化資產。

二、社頭參加遶境慶典時以社頭自有陣頭參加，禁止聘請或邀請其他宮廟陣頭參與，以協力保存傳統文化。

三、社頭遶境時若成員發生爭執或意見相左而爭吵之情形時，各社頭負責人員必互相協商、避免爭吵，並邀集協會幹部及相關人員研議和平解決之道，決不滋事及發生暴力行為，若發生暴力打架鬧事之事件，則該滋事社頭暫時停止參與遶境活動一年。

四、社頭遶境行進及表演時禁止燃放大量鞭炮，以維民眾生命財產安全，若因燃放鞭炮、煙火而引發人員、財產之損失時社頭願自付所有賠償責任。

五、參加慶典時確實遵守協會共同安排之集合時間地點及順序，以共同維護慶典遶境活動之順暢，並遵從工作人員指引之遶境路線行進。

六、陣頭表演時務必控制表演時間，以免影響其他社頭之進行。

七、其他未盡事宜得由協會理監事成員共同訂定修正後公告實施。

「社頭自律公約」（江智誠總幹事提供）。

社團民俗技藝協會歷任理監事

職稱屆數	理事長	總幹事
第一屆	鄭添富	江智誠
第二屆	鄭添富	蘇德森
第三屆	陳寶印	江智誠
第四屆	陳寶印	江智誠

3.約束遶境社頭成員

由於參與遶境的社頭團體眾多，成員漸趨複雜，為管控遶境品質，並防止社頭於遶境期間因摩擦衝突鬧事，因此由民俗技藝協會出面，於遶境之前集結各社頭社長、頭人，要求管束遶境期間社頭陣頭成員，嚴禁打架滋事。為此，協會並制定公約約束社頭成員，對打架滋事的社頭予以「暫停遶境」的懲罰。

大溪社頭團體幾乎都是為參加遶境而組成，平日辛苦練習，只為在遶境遊行隊伍中大展身手。若因受懲處「暫停遶境」，陣頭無法在遶境此盛大的「舞臺」上演出，則平日辛苦的練習將付諸東流。[53]因此，不可小看民俗技藝協會對各社頭的約束力道。

在大溪的社頭團體組成社團聯誼會（即今日的「民俗技藝協會」）後，遶境活動的籌備工作逐漸產生變化。

　　首先是，對於加入遶境團體的控管。早期哪些社團可以加入遶境行列，是由普濟堂廟方決定。社團聯誼會成立後，逐漸建立遶境的「潛規則」，由社團聯誼會審核、規範哪些團體可以加入六廿四遶境隊伍。其次，早期遶境活動的路線安排、時間控制、社團順序皆由廟方主導。今日遶境活動的大小事宜，則幾乎都由民俗技藝協會做整體規劃，而民俗技藝協會成員與普濟堂管理委員有很大的重疊性，對廟務發展有一定的影響力。因此，普濟堂多數狀況是尊重民俗技藝協會的決議，僅做必要建議與提供必要支援。在整個遶境活動的籌備過程中，普濟堂雖在名義上具領銜地位，民俗技藝協會卻掌控了真正的主導權。[54]

民國 108 年（2019）總統蔡英文至普濟堂上香參拜（大嵙崁文教基金會提供）。

藝陣寶窟

　　遶境隊伍的主體，是大溪各社頭的藝陣表演。隨參與社頭的增加，遶境規模不斷擴大，壯大了遶境隊伍的聲勢；伴隨傳統藝陣文化的傳承，以及社頭團體的創新巧思，也豐富了遶境隊伍的內涵。從神明廟會衍生的「藝陣」，內容主要包含「藝閣」與「陣頭」兩個部分。

　　藝閣是「詩意藝閣」的簡稱，又稱「詩意閣」，是在一方臺上搭設閣樓布景，由真人或模型乘坐其上，以歷史小說、民間故事、流行影視等為題材進行化妝遊行，一般不做技藝表演。

　　藝閣又分成「裝臺閣」與「蜈蚣閣」。「裝臺閣」是小型藝閣，「蜈蚣閣」則是由數個「裝臺閣」串連在一起，仿若蜈蚣一般，屬於大型藝閣。藝閣早期由人力肩扛，後逐漸進化由三輪車、鐵牛車載運，今日多以小貨車裝閣。

　　藝閣曾是大溪各類慶典不可或缺的藝陣，戰後以至民國60年代，遶境隊伍中仍可見藝閣身影。[55]目前大溪遶境隊伍中以小型的裝臺閣藝陣為主，最具特色的是興安社為顯示該社成員皆為生意人的「大算盤」、「計算機」、「秤錘」之藝閣，以及協義社為展示其為木業從業人員的「墨斗陣」，大型的「蜈蚣閣」藝陣已消失不見。

興安社大算盤（大溪興安社提供）。

陣頭是神明廟會遊行隊伍中的表演團體，除了帶有信仰層面的宗教功能，亦帶有娛樂的功能。今日大溪六廿四遶境隊伍中，常見的陣頭隊伍有北管、將軍、偅仔、龍陣、獅陣以及趣味陣頭。

1.北管

舉凡民間婚喪喜慶、廟會祭典等場合皆少不了北管，昔日許多庄頭都設有曲館，除提供庄民閒暇排遣時間學習音樂、演出戲劇，也為村庄舉辦慶典等活動提供義務表演。此業餘北管社團稱為「子弟戲」，有「良家子弟」之意。

約清道光、咸豐年間，北管形成西皮與福祿二派，館閣間為爭技藝高下，曾發生派系對立衝突。然而，由於北管學習不易，隨前輩凋零，後起者學習意願不高，大溪擁有北管出陣的社頭已不多。目前大溪傳承北管陣頭出陣的社頭，福祿派的有溪州福山巖、永安社、農作團、福安社、新勝社；西皮派的有同義社、嘉天宮同義堂、慶義社、慶安社。

左｜同義社遶境隊伍中的北管陣（大嵙崁文教基金會提供）。
右上｜1970 年代協義社墨斗陣（桃園市立大溪木藝生態博物館提供）。
右下｜民國 55 年（1966）普濟堂慶成建醮將軍表演（普濟堂提供）。

2.將軍

　　「將軍」俗稱「大仙俑仔」或「大仙尪」，是以人在高約成人兩倍大小的大型神偶中扛弄或舞跳演出的陣頭。將軍發源地為宜蘭地區，為北管的西皮與福祿二派互相較勁、拼館所衍生出的陣頭。[56]

　　大溪自日治時期興安社自中國大陸購買將軍頭像，組裝關平、周倉將軍出陣後，引領起大溪社頭製作神將出陣的風氣。[57]往後大溪各社頭依其所奉祀之主神及發展特色，發展出千里眼、順風耳、財神爺、清水祖師四大部將、四海龍王、楊戩、孫悟空，以及太陰、太陽等將軍。

　　目前，大溪各社頭所擁有的將軍加起來超過百尊，每年遶境將軍在隊伍中巡行的莊嚴畫面頗為壯觀，成為大溪六廿四遶境的一大特色，也讓大溪擁有「將軍窟」的美名。[58]

與神同巡（桃園市立大溪木藝生態博物館提供）。

3.僮仔

　　「僮仔」跟「將軍」同屬「大仙尪」陣頭，只是扛弄的是造型比較小的神偶。僮仔的出現，據傳是民國60年代黃俊雄演出的電視布袋戲「雲州大儒俠」風靡一時，於是大溪的社頭團體發揮巧思，將布袋戲中的角色做成神偶頭組裝成較小尊的將軍，加入遶境隊伍，成為僮仔的前身。[59]

　　僮仔體型較將軍小且重量輕，適合國小、國中生扛弄。也因此，僮仔成為過

興安社三太子僮仔（大嵙崁文教基金會提供）。

去大溪人參與遶境的必經過程之一：剛進社頭的孩童一開始在遶境隊伍中拿旗子，隨著年齡增長學習跳僮仔，成年後則扛弄將軍。[60]

目前大溪常見的僮仔有三太子、濟公、小沙彌及土地公等。各社頭配合成員的職業屬性或社頭祭祀主神，也出現一些專屬的特色僮仔，例如：農友團以月眉務農的農民為主，因此在農民「看天吃飯」對自然天氣的重視下，發展出了風、雨、雷、電四尊僮仔。哪德社祭祀主神為哪吒三太子，以三太子活潑充滿活力的形象融入流行音樂元素，發展出電音三太子，甚至結合小說劇情發展出結合鋼絲特技的「飛天三太子」。

4.龍陣

　　龍陣即「舞龍」，民間慣稱「弄龍」。指揮龍陣表演的是「龍珠」，主導著龍陣的行進方向，並藉由「搶龍珠」，象徵「龍吞日月」的意涵，有祝福跟賜財的意義。龍陣的長度，一般以九節為基礎，十三節以內為「小龍」，長度約在30公尺之內；十五至二十九節為「中龍」，約31至60公尺；三十一節以上為「大龍」，長度超過60公尺。大溪與屏東鹽埔被並列為臺灣龍陣的大本營，[61]可見龍陣在遶境陣頭中的代表性。

　　大溪社頭中龍陣以新勝社最具全國知名度，其所屬的「飛龍團」曾獲得臺灣省舞龍比賽亞軍。其他社頭如共義團、同人社、協義社、仁安社、嘉天宮同義堂等社頭的龍陣，在技藝上也都有過人之處。目前大溪最長的龍陣為同人社的十三節神龍，也是大溪第一條裝有當代LED燈飾的神龍，夜間舞弄起來格外引人注目。[62]

5.獅陣

　　獅陣即「舞獅」，多由一人舞弄獅頭、一人舞弄獅尾的搭檔模式進行表演。基本上獅陣由具有武術基礎的表演者舞弄，揣摩獅子的各種動作，配合鑼、鼓等音樂演出。

　　臺灣的獅陣大抵分成開口獅、閉口獅、北方獅以及醒獅等四類。開口獅、閉口獅以獅嘴是否固定、能否上下活動而得名；北方獅起源於河北保定，多作雙獅合舞；醒獅則是除了舞獅外，還會加入特技表演及「採青」的演出。[63]

　　過去大溪地區振興社、鎮豐社、溪州福山巖及金鴻慈惠堂擁有獅陣陣頭，但前輩凋零、傳承不易，目前僅有金鴻慈惠堂仍保有獅陣。金鴻慈惠堂獅陣屬於醒獅類別，其所屬醒獅團曾連續五年得到全國中正盃獅藝錦標賽第一名，聞名全國。

民國 55 年（1966）普濟堂慶成建醮龍陣表演（普濟堂提供）。

大溪三層新勝社飛龍團雙龍戲珠（蕭明發提供）。

金鴻慈惠堂醒獅團獅陣表演（大料崁文教基金會提供）。

6.趣味陣頭

趣味陣頭，顧名思義是純屬趣味，以娛樂為目的而出現的陣頭。目前所見的趣味陣頭，有傳統保留下來的，也有近年民眾發揮巧思創作衍生出來的。[64]大溪的趣味陣頭有福安社、百吉聚賢慈惠堂的花鼓陣、農友團充滿農夫生活情趣的牛犁陣、慶安社「坐大木椅的三太子」，以及哪德社以主祀神祇哪吒三太子發展出來的太子駕車、騎馬的趣味陣頭。

哪吒三太子騎馬（哪德社提供）。

民國 111 年（2022）六廿四新勝社飛龍團表演（林瑞家提供）。

　　大溪普濟堂六廿四遶境，自大正3年（1914）迄今已傳承逾百年，不同時期流行不同的藝陣類型。其中，傳統陣頭北管、將軍及龍陣，被稱為大溪三大特色陣頭。[65]因應時代變遷，西樂隊、女子宮燈隊及大型藝閣「蜈蚣閣」等藝陣退出遶境隊伍；震天鼓、武轎等受年輕族群喜愛的新型式陣頭，則跟隨時代的腳步加入遶境行列。這正顯示出普濟堂遶境傳統與創新兼容並蓄的精神，讓遶境活動持續充滿活力。

慶安社的坐大木椅的三太子（陳志昌拍攝）。

靈力經濟

隨著普濟堂六廿四遶境逐年的發展，遶境成為「靈力經濟」生產與消費的重要場域，隨遶境規模的擴大、熱鬧程度的增加，對普濟堂廟方及參與的信徒產生正向加乘的影響。

「靈力經濟」是學者陳緯華分析民間信仰活動的新視角。他發現在現代化、都市化的過程中，傳統祭祀圈逐漸解體，宗教從公領域退出，不再具有強制力，信徒也不再背負繳交丁口錢的當然義務。因此，寺廟喪失了傳統祭祀圈信徒的供養，必須以理性化的經營方式吸引信徒，在「民間信仰市場」生存下去。簡言之，陳緯華提供了一個新視角，將整個民間信仰場域當成一個具商業機制的「民間信仰市場」。在此市場中，廟方、信徒成為生產者與消費者，生產、消費的主要商品就是「靈力」。

而在此靈力經濟的市場中，「熱鬧」（在此指的就是關聖帝君遶境活動）成為廟方生產商品（靈力）、信徒付出代價（金錢、勞力）獲得商品（靈力）的一個重要實踐場域。在此場域中，生產者（廟方）除了生產「靈力」（產品），也致力於提高「靈力指標」（產品品質），讓消費者（信徒）願意付出交換「靈力」（產品）；消費者在遶境過程中付出「心意」（勞力、金錢），並獲取「靈力體驗」（商品），感受到美好的消費經驗。[66]

從廟方經營者的角度來看，遶境是廟方製造靈力、讓信徒消費靈力的重要場域。消費者（信徒）為何肯在廟方舉辦的活動場域消費靈力呢？讓信徒感受到寺廟的「靈力指標」高，商品品質好（靈驗），信徒就會願意前來消費。而一般狀況，信徒能感受到靈驗的情況，除了自身的靈驗經驗，多數來自外在：一者來自於神蹟；另一者則從遶境規模大小來判斷該神祇是否靈驗──就因為靈驗，所以參與的信徒才會多。因此，遶境對廟方而言，是廟方「動員資源」提高「靈力指標」的最佳場域：遶境規模愈大、參與人數愈多，代表神明愈靈驗（「靈力指標」高），愈能吸引信徒（消費者）前往參與。從此角度觀察，普濟堂六廿四遶境隨遶境路線延長、遶境規模擴大，以及參與人數增加，讓普濟堂的「靈力指標」不斷提升，有助於讓普濟堂吸引新的信徒加入其信仰圈。

從信徒消費靈力的角度來看，遶境亦是提供信徒付出「心意」（具體化為勞力、金錢），換取神明靈力庇佑的實踐場域。當然，每個人的能力是不同的，在民間信仰的神聖領域中「心誠則靈」，信徒不論多寡只要付出「誠心」盡力參與神誕，就可以獲得神明的靈力庇佑。此外，遶境也是信徒獲得「靈力體驗」（商品）的重要場域。誠如前文所述，只有少數人親身經歷過「靈力體驗」，因此在參與遶境的過程中，隨著參與遶境的人數愈多、活動愈多元、人氣愈旺，信徒愈能在此激昂的氛圍中，感受到因為靈驗所以才會吸引這麼多信眾投入的虔誠熱情，體驗到「靈力」（商品）的存在，獲得了「靈力體驗」。

大溪每年遶境，各社頭成員無不傾盡心力，出錢、出力，為的是讓遶境變得更盛大，讓聖帝公更有面子，也獲得聖帝公的庇佑。但也隨著信徒競相投入、比拚「心意」，遶境活動愈加盛大，願意參與遶境的信徒也就愈多，成為一種良性循環。

而在此關聖帝君遶境場域中，兩次來自政府單位的參與及肯定，提升了普濟堂遶境的「靈力指標」。

一是民國68年（1979），蔣經國總統贈送關聖帝君青銅神像予普濟堂。自此以至民國89年（2000），普濟堂改以青銅聖像做為遶境出巡的主神。此尊來自最高統治者的神像，不只增加了普濟堂的能見度，遶境出巡的神像更象徵著政府認可的「靈力權威」，成為增加普濟堂「靈力指標」、吸引信徒參與的絕佳籌碼。

二是民國100年（2011）「大溪普濟堂關聖帝君聖誕慶典」正式被桃園市政府登錄為「無形文化資產」。其登錄原因中，「遶境活動」顯然是最主要的元素。且登錄理由中，參與遶境的主要成員──「社頭」，更被認為是「具鮮明地方特色與典範性」、「為全臺所獨有」。

遶境被登錄為無形文化資產，是來自政府單位「文化權威」的肯定，讓參與遶境的信眾獲得宗教層面的「靈力體驗」。而遶境增加的文化意涵，也讓參與遶境的社頭團體產生榮譽感，更熱心地投入遶境活動，讓遶境變得更熱鬧、更龐大。如此，無形中讓普濟堂的「靈力指標」成長，遶境活動在靈力經濟的角度下，提供了一個良好的「靈力商業場域」，讓普濟堂與信徒產生良性互動，獲得雙贏的成效。

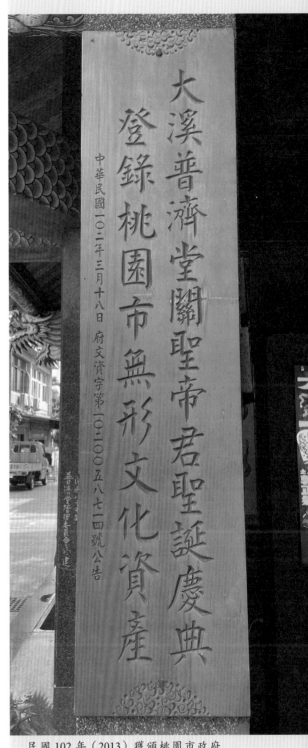

民國 102 年（2013）獲頒桃園市政府「無形文化資產」，強化普濟堂的「靈力指標」（大嵙崁文教基金會提供）。

社頭助陣

普濟堂關聖帝君遶境，隊伍的主體是大溪的「社頭」團體。自大正6年（1917）同人社捐獻第一頂神轎參與遶境，引發遶境風潮後，大溪各地紛紛以地緣、職業、人際關係為紐帶，成立社頭加入遶境行列。各社頭為比拚對聖帝公虔誠的信仰之心，也為了一較高下，無不卯足全力、絞盡腦汁，比創意、比巧思，想方設法讓陣頭在遶境隊伍中吸引進香民眾的注目。因此，各社頭豐富出色的表演，讓大溪陣頭的精采度居全國之冠。遶境也正因為有這一群不辭辛勞、不求回報的社頭成員參與，才成就了今日大溪人「第二個過年」盛況。

各社頭齊聚為聖帝公祝壽（桃園市立大溪木藝生態博物館提供）

chapter 03

大溪社頭

　　普濟堂關聖帝君遶境活動，於民國100年（2011）被認定為大溪重要的無形文化資產。除了遶境祭典活動為其他地方少見，深具文化性，參與遶境的「社頭」團體所形成的獨特社頭文化，更是全臺灣所僅有。

　　「社頭」是大溪地區對「社團」、「軒社」、「子弟」等團體的特有稱呼方式，其用意在鼓勵自己所屬的社團，成為大溪地區「社」團最頂尖的「頭」團之意。[1]大溪社頭是透過「地方」人際關係的紐帶，招募成員組成。早期主要以「興趣」、「職業」做為人際關係紐帶，成立社頭。例如，以「興趣」為紐帶的樂安社，是對北管有興趣的同好所組成。以「職業」為紐帶成立的同人社，是大溪前往金瓜石採金的業主及礦工所組成；興安社的成員主要是大溪街區的生意人；協義社則是由大溪木器同業成立。近三十年來加入遶境的社頭，其人際關係紐帶，多是以「信仰」、「宮廟」為背景成立社頭。例如，以「信仰」為背景的有聖母會、哪德會；以「宮廟」為中心的有福山巖、百吉聚賢慈惠堂、溪州忠義堂、嘉天宮同義堂、帝君會、玄元社及聖廟無極總宮等。

　　普濟堂遶境活動正是因為有這一群義務參加的「社頭」支持，自大正6年（1917）同人社製作第一頂關聖帝君神轎參與遶境，引發遶境風潮後，大溪的社頭為使遶境活動順利完成，彰顯聖帝公神威顯赫，社頭團體紛紛加入遶境行列。遶境初期，社頭團體採分工合作的模式：同人社出轎子、樂安社出北管、興安社出將軍，協力完成遶境活動。[2]而後，隨著加入社頭增多，各社頭間拚陣較勁。俗語說：「輸人不輸陣，輸陣歹看面。」各社頭無不絞盡腦汁，在神轎、北管音樂、將軍的基礎上，添購裝備、訓練新陣，不但擴大出陣規模壯大聲勢，也發展出各社頭的特色表演以互別苗頭。例如，協義社的「墨斗陣」，彰顯其木業從業人員的特色；興安社為凸顯其成員為生意人的「大算盤」藝閣；農友團、農作團為彰顯其農業成員的特性，推出趣味陣頭「牛犁陣」、「鬥牛陣」；哪德社則以其信仰中心哪吒信仰發展出「飛天三太子」，各社陣頭可說是琳琅滿目、五花八門。社頭的各式特色陣頭，塑造了普濟堂遶境的特有文化，更成為信眾隨香遶境時觀賞的重點。

　　根據田野調查資料，歷年參加大溪普濟堂關聖帝君遶境活動的社頭數量，曾高達三十五個。[3]目前仍持續參加普濟堂遶境活動的社頭有三十一個。以下將依社頭成立先後，說明各個社頭創社的歷史緣由、發展，以及出陣的特色。

日治時代至今大溪各社頭基本資料一覽表

序號	名稱	成立時間	所在區域	成立時成員組成背景
1	樂安社	大正4年（1915）	大溪街區	大溪街區民眾
2	同人社	大正6年（1917）	大溪街區	去金瓜石採金礦的投資者與礦工
3	新勝社	大正8年（1919）	河東：三層	三層農民、礦工
4	興安社	大正8年（1919）	大溪街區	零售商人
5	永安社	大正8年（1919）	河東：烏塗窟	烏塗窟茶農、礦工
6	協義社	大正8年（1919）	大溪街區	木器同業
7	大有社	大正8年（1919）	大溪街區	仕紳、富商
8	慶義社	大正8年（1919）	大溪街區	泥水匠、營造業
9	福安社	大正9年（1920）	河東：三層	美華、福安里民，福安宮信徒
10	慶安社	大正9年（1920）	大溪街區	鎮公所人員、清潔隊員
11	共義團／臥龍社	大正10年（1921）	河東：內柵	木工、礦工、輕便車夫等勞動者
12	仁安社	大正13年（1924）	河東：內柵	內柵地區居民

13	同義社	大正15年 （1926）	河東：烏塗窟	烏塗窟虎豹坑礦工、茶農
14	樂豳社	昭和2年 （1927）	河東：三層	由梅鶴山莊林源欽，邀集頭寮竹篙厝愛好北管鼓樂居民組成
15	農作團	昭和10年 （1935）	河東：月眉	由月眉、下石屯仔信奉五穀先帝的農業從業人員組成
16	農友團	民國45年 （1956）	河東：月眉	從農作團分出，由月眉地區稻農組成
17	振興社	民國57年 （1968）	大溪街區	自共義團分出，初期以一心里及田心里居民為主
18	聖母會	民國64年 （1975）	大溪街區	福仁宮後殿天后宮之媽祖信徒
19	老人會	民國68年 （1979）	大溪街區	大溪地區老人會成員
20	大溪義勇消防中隊	民國68年 （1979）	河東：月眉	日治時期民防消防團
21	鎮豐社	民國72年 （1983）	大溪街區	三角公園鎮豐宮信徒，又稱菜市場幫
22	嘉天宮同義堂	民國80年 （1991）	河西：崎頂	崎頂嘉天宮信徒，分自同義社
23	金鴻慈惠堂	民國81年 （1992）	河東：內柵	金鴻慈惠堂醒獅團成員，以大溪國中、內柵國小學生為主要組成成員
24	百吉慈惠堂	民國85年 （1996）	河東：復興	慈惠堂瑤池金母信徒

25	溪州忠義堂	民國86年（1997）	河東：溪州	溪洲忠義堂信徒
26	一心社	民國86年（1997）	大溪街區	一心里居民的關聖帝君信眾
27	溪州福山巖／福山社	民國95年（2006）	河東：溪州	以溪洲福山巖清水祖師廟信徒為主要成員
28	帝君會	民國96年（2007）	河西：崎頂	僑愛一帶關聖帝君信眾所組成
29	玄元社	民國97年（2008）	河西：員樹林	以員樹林皇天宮信徒為主要成員
30	哪德社	民國101年（2012）	大溪街區	以「大溪哪德聖轎班會」哪吒三太子信徒為主要成員
31	聖廟無極總宮	民國101年（2012）	河西：崎頂	以崎頂社區聖廟無極總宮信徒為主要成員

資料來源：本表由蒲姿璇、張沂鈞依據下列資料整理而成。

1. 徐亞湘，《大溪鎮參與廟宇慶典活動之社頭調查計畫報告書》（桃園：大料崁文化促進委員會，1995 年 6 月）。

2. 黃淑芬，《神恩‧豆香‧木器馨》（桃園：大溪鎮歷史街坊再造協會，2001 年）。

3. 楊世傑，〈新地方宮廟崛起策略之歷史研究：以大溪普濟堂為例〉，嘉義：國立嘉義大學應用歷史學系碩士論文，2018 年 7 月。

4. 本研究田野調查訪問。田野調查時間：2021 年 9 月至 2022 年 3 月。

大 溪 社 頭 社 館 位 置 圖

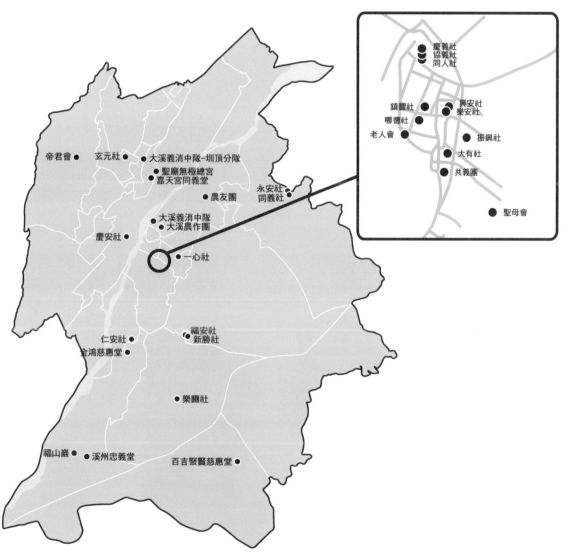

今日大溪社頭社館分布圖（蒲姿璇、張沂鈞繪製）。

街區社頭

1.樂安社

　　樂安社為大溪最早成立的社頭團體，大正4年（1915），邱家扶、邱清泉、程銀山、許天寶、李詩智、李傳量等人，為參與普濟堂關聖帝君聖誕遶境，於是招募大溪街上民眾成立樂安社。[4]樂安社初期成員以大溪街區民眾為主。臺灣光復後，民國44年（1955）石門水庫尚未修建期間，龍潭三坑地區民眾會從當地渡頭運送農產品到大溪渡頭，與樂安社有所接觸，因此約有三十多戶人家加入樂安社，迄今當地約還有二十多戶為樂安社成員。由於有此淵源，今日大溪社頭中

民國 61 年（1972）樂安社北管班第三屆結業照（趙明輝社長提供）。

樂安社千里眼、順風耳、張苞、關興四尊將軍（趙明輝社長提供）。

只有樂安社的遶境路線，會特地南下穿過內柵，遶境到龍潭三坑去，再返回大溪頭。目前樂安社成員分布於大溪地區及龍潭三坑，會員人數約八十人左右。[5]

　　光復後，樂安社社務中衰，社員僅存二十餘人，社中大老公推興山鐘錶行老闆趙德和掌理社務，並在其細心經營管理下，社務逐漸步入軌道，穩定成長。民國50年代，趙德和為因應普濟堂關聖帝君遶境需求，聘請大園海口村江姓北管老師（綽號「阿德股」）來社，教授一批國中生北管樂，成立北管陣頭。後來終因人才流散及北管樂較難學習等問題，維持不過數年便宣告解散，於民國60年代成立什音團。民國70年（1981），樂安社乘暑假期間招募學童訓練，成立西樂隊。同年並成立龍隊，不過龍隊僅維持四、五年就宣告解散。[6]

同人社成員身著黃色衣褲，代表於社頭團體中擁有尊崇地位（同人社提供）。

民國 111 年（2022）六廿四遶境，同人社壓陣入廟（桃園市立木藝生態博物館提供）。

同人社創社捐贈引起遶境旋風的六角神轎（陳志昌拍攝）。

　　目前樂安社遶境陣形主要以什音團、將軍、僮仔及繡旗陣為主。什音團為樂安社遶境的主力陣頭之一，可惜成員老邁，現任社長趙明輝頗擔心傳承問題。將軍有關興、張苞、千里眼、順風耳四尊神將，其中關興、張苞神將，是大溪社頭中最早採用為將軍陣形出陣的神將。[7]樂安社陣形中，值得一看的是繡旗陣。樂安社保有許多古老且刺繡精美的繡旗，六廿四遶境時隨陣排出，精美旗幟隨風飄盪、古風樸樸，甚為壯觀。

　　樂安社為大溪五大社之一，在普濟堂關聖帝君聖誕遶境中，負責迎請普濟堂關聖帝君「三祖」神尊。在過去遶境尚未變成兩天時，六廿四遶境當天，僅次於

同人社、共義團，為倒數第三入街的社頭，由此可見樂安社於大溪社頭中所扮演的重要角色。

2.同人社

同人社約略成立於大正6年（1917），[8]社頭名稱取自《易經》第十三卦之「同人卦」，離下乾上，有「與人同合」之意。同人社的成立頗富傳奇性，相傳大溪有名的實業家簡阿牛原本從事樟腦買賣，日治初期，大溪樟腦業沒落以後，他夥同股東呂建邦、黃丙南等人前往九份金瓜石開採金礦，並恭請普濟堂關聖帝君點礦脈，結果一點就得金無數。當時這批於金瓜石挖掘金礦致富的大溪民眾，感謝普濟堂關聖帝君神恩庇佑，為慶祝帝君聖誕而糾集同業組成同人社，並在黃丙南提議下集資為關聖帝君建神轎，參與遶境。[9]

同人社成立初期曾有北管樂的練習，兼習西皮、福祿兩派。北管練習經日治後期短暫地偃旗息鼓後，民國36年（1947）同人社重新學習北管子弟戲。然而於民國60年代，因北管藝員凋零，新人補進不及，北管活動宣告終止。[10]

同人社現有神龍、將軍、神轎三組陣頭。同人社的龍陣是目前大溪最長的十三節神龍，也是大溪第一尾裝飾全彩LED燈飾的神龍，於夜間舞弄時，燈火隨龍身舞動，光彩奪目，格外吸睛。

同人社現今有兩對周倉、關平將軍。第一對將軍，為大溪自製的神將頭，由大溪知名藝師鄭貴琳所製作。兩對將軍身上所穿戰袍的精美刺繡，出自宜蘭老店麗鴻繡莊之手。其中最特別的是，關平將軍仿關聖帝君穿著文武袍，切合關平身為關帝契子，協助關帝掌理文務，卻又是蜀漢猛將，允文允武的形象。[11]

神轎組是同人社第一個陣頭，肩負迎請普濟堂老祖出巡的重責大任，亦是大溪遶境中唯一全程徒步走古香路的社頭。創社初期的神轎為鎮社之寶，與香擔、

木製彩牌，其製作年代皆於日治時期大正年間，被並稱為同人社三大百年文物。

同人社捐贈神轎投入遶境，引領了大溪社頭爭相成立參與遶境的旋風，與普濟堂關聖帝君遶境有深厚的淵源。因此，在遶境活動儀式中，處處可以看見同人社於大溪社頭中所扮演的特殊地位。例如：在同人社出陣時，必由正、副爐主背聖旨、官印。出陣時聖旨在前、官印在後，代表關帝奉旨出巡；回程時官印在前，代表關帝已熟知民間疾苦，回頭幫忙處理。另外其社員於遶境過程中皆穿著黃色衣褲，象徵尊貴（皇帝皇袍之顏色）之意。[12]時至今日，每年遶境仍由同人社負責扛主神轎，而遶境完畢入街時，同人社必於遶境隊伍的最後面壓陣，可見其在大溪社頭中深具代表性。

3.興安社

興安社成立於大正8年（1919），成員多為大溪街區零售商人，故又被稱為「生意人社」。目前成員仍以大溪中央街區生意人為主，是大溪少數仍以職業做為主要成員的社頭團體。

興安社第一對關平、周倉將軍（余程揚提供）。

　　興安社在成立初期，社員學習北管樂，並扮演子弟戲。光復初期，其子弟戲常於農曆6月24日關聖帝君聖誕當日，跟同人社、協義社「鬥戲」，頗負盛名。光復之後，興安社先後籌組西樂團、什音團與龍陣，壯大遶境出陣聲勢。然而，民國70年代以後，因成員流失等主客觀因素影響而陸續解散。[13]

　　興安社遶境的特色陣頭，首推將軍。日治時期，興安社為與同人社拚陣較勁，因經商而常往返臺海兩岸的成員，專程往福州尋訪名家，購置關平、周倉將軍頭部一對，返臺組成神將，參與遶境儀式。這對關平太子與周倉將軍神將，為普濟堂遶境的第一對神將，[14]除在遶境時增長關聖帝君神威，也帶起了大溪各社頭紛紛製作神將參與遶境的風氣，讓大溪博得「神將窟」的美名。目前這一對極富大溪神將起源意義的將軍，供奉於普濟堂正殿兩側。[15]其後興安社出陣的神將，加入了財神爺，並增添招財、進寶僮仔，也都與興安社成員期盼生意興隆、財源廣進的生意人特質有關。

　　藝閣亦是興安社重要的特色陣頭。

　　民國75年（1986），興安社發揮商人巧思為關聖帝君祝壽，製作生日蛋糕大型模型，並為凸顯本身「生意人社」的特色，製作計算帳務的大算盤、電子計算機等大型模型。興安社於遶境時將蛋糕、算盤、計算機做為靜態藝閣呈現，相當引人矚目。從興安社的藝閣，可充分看見生意人求新求變、善用時機的經營手法。民國75年（1986）的大蛋糕不只是為關聖帝君祝壽，也是為社員的蛋糕店做宣傳。

　　民國110年（2021），興安社又推出了秤錘藝閣，藝閣車頂上放置生意人交易時論斤秤兩的秤錘，凸顯其精於計算，卻又不偷斤減兩的生意人特色。藝閣車身以大溪老街店家為背景，將贊助遶境的店家名稱繪製其上，做為宣傳廣告，充分展現出生意人善於利用時機來投資經營的特質。

　　興安社現任社長余明政，作風開明，他將興安社社務制度化，條列社團基本
規範與原則後，將重要社務交由社團年輕一代主導。社長的座右銘是「有錢不好
使，有人才好用」。他認為經費不是問題，他可以幫忙找尋贊助單位，但社頭要
有人，才能活動起來。他接洽活動，並強調社員自行動手製作出陣設備，目的是
要增加社員間的接觸，讓社員感情熱絡，並給予磨合、協調機會，增加社員向心
力。因此，吸引大批年輕人入社。

　　目前，興安社成員年輕人居多，充滿活力，三十歲以下年輕人占約成員一
半。近年來，興安社更利用年輕人創意，發展與興安社相關的系列文創商品。文
創商品的販售不僅可對興安社帶來實際的金錢挹注，消費者更可進一步透過文創
商品來認識興安社與大溪的社頭文化。

興安社以大溪老街為背景的秤錘藝閣（蒲姿璇拍攝）。

4.協義社

協義社成立於大正8年（1919），由李烏番、林阿萬、謝聰明、林西螺等人號召組成，其主要成員為木器相關行業的從業人員，今日已不再限制參加者職業。協義社源起於「寮仔班」、「平面仔」對兩尊開基魯班公的祭祀。[16]兩祭祀系統原分別於魯班公聖誕（農曆5月7日）、升天（農曆正月初七）辦理祭祀活動，並擲筊選出下年度爐主。雙方舉辦慶典、祭祀活動時，皆會迎請對方神尊互賀，因此雙方素有交流。後雙方為了參加普濟堂遶境活動，兩祭祀系統提議合流，並期盼兩系統同心協力、有情有義，故取社名為「協義社」。[17]

協義社最初參與遶境的陣頭是北管，並演出過子弟戲。其北管陣頭分成師傅組及學徒組，出陣時極講究師傅、學徒之間尊師重道的關係。6月24日遶境當天，師傅組於大溪街頭遶境入口處，等待入山區遶境的學徒組，會合後再一起入街遶境。兩組入街後，學徒組在前，師傅組隨後。兩組北管使用的設備精緻程度

協義社供奉於大溪福仁宮的巧聖先師神尊（蒲姿璇拍攝）。

左｜協義社墨斗陣（出自國家文化記憶庫：https://memory.culture.tw/Home/Detail?Id=488217&IndexCode=Culture_People）。

右｜協義社遶境隊伍（大粒崁文教基金會提供）

不同，師傅組為彰顯其身分，使用的樂器較為精美，學徒組的樂器則較為簡單，凸顯過去師徒制形成的階級差異。[18]民國73年（1984），協義社內十七名同好組成北管組，並延請李傳賀教曲，企圖復興北管陣頭。然而，協義社北管陣，終因老社員凋零、新血加入意願不高，宣告中斷。

　　將軍是協義社繼北管之後發展出來的陣頭。協義社成立初期，即組裝關平、周倉兩神將參與遶境，民國80年代後，方又組裝千里眼、順風耳加入遶境行列。協義社的將軍陣頭，以周倉為關聖帝君持刀的概念，組成木刀陣在前引領將軍陣頭。此觀念為其他社頭所援用。

　　另外，協義社日治時期即有龍陣，中間曾間斷過。民國60年代初期重新成立，請板橋「賴老二」擔任教練，代代傳承至今，協義社的雙龍陣，成為出陣亮點之一。

　　協義社最具特色的陣頭莫過於墨斗陣。墨斗，又稱線墨，為木工用以彈線的工具，以墨斗為藝陣，行業識別度極高。由於墨斗體積龐大，且極為笨重，需數十位壯丁同心協力方可抬起。李烏番為鍛鍊學徒體力，並藉此凝聚向心力，常要

求學徒扛著墨斗演練隊形。過去，墨斗陣
是由木業學徒扛抬遶境。協義社內相傳，
扛了墨斗後，手藝就會精進，因此學徒爭
相參與扛弄。

除了能代表其行業的墨斗陣，協義社
的另一個特色是，迎請將軍及持關刀的
社員一律穿著綠褲。其概念為五行中的
「木」，代表顏色為青色。使協義社在大
溪六月二十四日的遶境隊伍中，極為醒
目。

5.大有社

大有社社名由來取自《易經》六十四
卦象中的「大有卦」，乾下離上，為盛大
豐有的象徵。大有社在同人社成立隔兩
年，即大正8年（1919），由時任大嵙崁
區長的呂建邦，以及江序抱、呂鷹揚、林
宗德等地方仕紳、富商發起，為參加普濟
堂關聖帝君遶境而成立。大有社成立之初
的成員，多為地方的仕紳、地主及富商，
與當時由勞工階級組成的同人社成為強烈
對比，故被稱為「有錢人社」。[19]

大有社主祀神祇為普濟堂王天君及關
聖帝君，在遶境儀式中為負責迎請普濟堂

大有社遶境負責迎請的神祇王天君（沈振達提供）。

大有社的關平、周倉將軍（蒲姿璇拍攝）。

王天君、柳天君的社頭。昭和12年（1937）中日戰爭爆發後，大有社受日本在臺灣推行皇民化運動，禁止民間傳統戲曲、音樂活動的影響，暫停社務運作數年。民國34年（1945）臺灣光復後，大有社社員激增，曾高達百餘人，為大有社的鼎盛時期。[20]然而民國80年代，由於時代急遽變遷，大溪青年普遍至外地發展，大有社缺乏新血注入，不僅社員人數銳減至三十餘人，社員年齡也普遍偏高，社務承接與傳統技藝的傳承上出現潛在危機。民國88年（1999），大有社因社員凋零沒落，曾一度暫停參與遶境。民國90年（2001），由任職警友會的江敏捷，召集江智誠、王勝智等人，以警友會、青商會、後備憲兵為主要人脈，邀集友人加入大有社。大有社短短一個月招募社員百餘人，得以重現於遶境隊伍中。目前大有社成員以青商會、後備軍人、扶輪社、獅子會等社團人士為主。

大有社創社初期，即有北管子弟團及西樂隊，出陣則以演奏西樂為主，是第一支以西樂隊參與遶境的社頭，大溪社頭的西樂隊幾乎都發源自大有社。創社初期，大有社聘請李詩益教授西樂，大正14年（1925）7月，聘請臺北音樂老師吳本教授新樂譜，讓西樂隊成為大有社創社初期最有特色的陣頭。大有社西樂隊成員穿著藍白相間的制服沿路演奏，成為過去大溪普濟堂遶境的亮點之一。因此，自大正15年（1926）起，大有社連續兩年受邀參加新竹都城隍遶境。[21]

西樂隊逐漸沒落之後，大有社出陣逐漸改以神將為主。光復初期，大有社重整北管、西樂陣頭時，亦新增王甫、廖化兩將軍，後又購置關平、周倉兩將軍。王甫、廖化迄今已六十餘年，為大有社重要文物資產；關平、周倉兩將軍頭部雕塑表情細緻，神將衣飾精美，尤其關平神像外貌俊俏，頗受媒體寵愛，常躍上雜誌、報導封面。[22]四大神將與牌匾已成為今日大有社遶境特色。[23]

6.慶義社

慶義社成立於大正8年（1919），奉祀主神為荷葉先師，社員主要是大溪的

慶義社的北管陣頭（楊勝章社長提供）。

土水師傅，又被稱為「土水社」。慶義社乃由協義社分出，早期傳統建築，木作與土水皆是建築不可或缺的元素，因此木作從業人員與土水從業人員同屬於協義社。隨著大溪地區土水從業人員增多，協義社木作職業色彩濃厚，故協義社內的土水師傅李傳泉、葉番婆等人自立門戶，並保留協義社名稱中的「義」字，取名「慶義社」，與協義社相約為兄弟社。迄今雙方辦理活動、慶典，仍會派遣社員、陣頭互相道賀。目前為止，慶義社主要的社員仍是由大溪區包括建築、技工、水電等土水從業人員組成，是大溪少數保有職業色彩的社頭。[24]

創社初期，慶義社遶境主要以將軍與北管為主。慶義社創社即購置周倉、關平兩將軍，做為出陣陣頭。這對將軍的衣飾已破損更換，但仍保有最初木製頭部，為慶義社重要文化資產，迄今仍伴隨遶境隊伍出陣，無異是遶境隊伍中活動式的有形文化資產。

北管為慶義社創社初期的主力陣頭。慶義社初期曾請北管樂師教授社員福祿派樂曲，並參與普濟堂關聖帝君遶境。慶義社自創社以來，北管傳承不曾間斷，

慶義社具職業特色的土水仙童（楊勝章社長提供）。

期間曾聘請月眉農友團江聯輝傳藝。至今，慶義社仍由資深團員傳承北管，每週利用假日練習一日。目前慶義社北管組有十多名成員，遶境時仍保有自己的北管陣陣頭。[25]

僮仔則是慶義社比較晚發展出來的陣頭。民國76年（1987），慶義社自宜蘭購入醉彌勒、濟公、土地公（南極仙翁）、土水仙童（抹刀）、土水仙童（鏟子）等五尊僮仔。數年前，慶義社又購入三太子僮仔三尊。如今，僮仔已成為慶義社遶境的表演主力。其中最具特色的是手持抹刀與鏟子的這對土水仙童，他們在遶境隊伍中手持抹刀、鏟子，模仿「做土水」的各種姿勢，最能代表慶義社的職業身分，也極能吸引民眾的目光與注意。[26]

7.慶安社

慶安社約成立於大正9年（1920），社員多以學習北管樂曲自娛，並代表慶安社參與大溪廟會慶典相關活動。光復後，慶安社因老輩凋零，社員人數不足五人，出陣狀況斷斷續續。

民國55年（1966），當時於大溪鎮區公所擔任民政課課長的黃木炎，召集公所員工及清潔隊員重組慶安社。[27]當年，社員除少部分為大溪鎮公所員工，大都為大溪鎮清潔隊隊員，因此在大溪社頭間，常被戲稱為「垃圾社」。不過自民國70年代起，該批清潔隊員已逐漸淡出社團，今日社內成員以人際關係網絡組成，約六十多人，已無當時之職業色彩，成員組成漸趨多元化。

慶安社初期以北管為陣頭，光復後因老輩凋零而沒落，過去前輩所遺留之北

慶安社的關平、周倉將軍（林瑞家提供）。

管樂器、繡旗及彩牌等設備皆存放在福仁宮專屬倉庫中。民國84年（1995），當時的社長倪源昌計畫性地恢復北館練習。[28]目前慶安社已恢復北管樂的練習，由永福里的黃金源教授北管（屬於西皮派之基隆得意堂系統），遶境時有北管陣頭出陣。

慶安社目前有關平、周倉、千里眼、順風耳四尊將軍，以及三太子僮仔一尊。關平太子為慶安社創社初期唯一的將軍，周倉等其他將軍、僮仔皆於民國70年代之後，陸續加入遶境行列。

將軍組四尊神將中，關平太子最具特色。此關平將軍頭部為木雕，其神韻與其他大溪社頭關平的雕刻截然不同，神態頗文雅。據社內耆老傳述，雕刻關平太子頭部時，是以太子背關帝官印的概念，設計為斯文的文官臉孔。大溪初期遶境即以慶安社關平太子神將背帝君官印，為開路先鋒。

慶安社遶境隊伍中最吸睛的是趣味藝陣——坐在大木椅上的三太子僮仔。此趣味藝陣的組成一直為慶安社社員所津津樂道。大木椅是民國60年代一位擔任

爐主的社員所捐贈，因跟隨陣頭遶境，意外成為慶安社陣頭亮點。二十多年前，桃園平鎮德鳳宮將三太子僮仔贈予慶安社，增添遶境熱鬧成分。然而近期慶安社社員增加，太子僮仔僅只一尊，怕社員爭相扛弄引起糾紛，因此遶境出陣時，就不再扛弄三太子，反而是讓三太子坐在大木椅上，木椅大小彷彿為三太子量身訂做。社員紛紛認為是冥冥中注定的奇緣。坐在大木椅上的三太子俏皮可愛，成為慶安社陣頭隊伍中最醒目的亮點。[29]

8.振興社

振興社成立於民國57年（1968），主祀關聖帝君，由簡玉溪、張玉輝及王仁等人共同創立。過去振興社社員主要是「一心里」居民，創社初期社員約七十人，人數最多曾至二百五十餘人。目前社員來源已不受區域限制，改以人脈為主，來源多元化，約九十多人。

振興社創社初期便與共義團一起參與普濟堂關聖帝君聖誕遶境。當年有不成文規定，新社團要先隨舊社頭遶境三至五年後，才可獨立參與遶境。因此，民國71年（1982）振興社才正式以自己的社名參加遶境活動。

振興社的陣頭是由「臺灣獅出身」。發起人王仁為開武館的拳腳師傅（大溪普庵堂接骨所），精通武術及獅藝（閉口獅）。振興社成立初期招募鎮民二十餘人，由王仁擔任教練指導，練習武術及舞獅技藝成立獅陣。因此，振興社成立初期的獅陣在大溪地區頗有名氣。民國70年代初期，大溪興建武嶺橋時，便是邀請振興社獅陣參加開工動土儀式，可見振興社獅陣當年在大溪的代表性。然而自民國70年代後，由於社內人手不足，獅陣逐漸失傳。

由於創社人簡玉溪是下田心仔發展協會什音團團長，振興社初期的北管於大溪也頗負盛名，只不過隨著社內藝師凋零而逐漸沒落。簡玉溪試圖積極恢復，卻因缺乏曲譜，只得改以大班鑼鼓陣演出。因此，以大班鑼鼓陣容演奏北管牌子，

曾為振興社特色陣頭。[30]日前因前輩凋零，新進社員對北管不感興趣，故今日振興社出陣已無什音團了。

　　自民國70年代初期，振興社感受到因人手不足，獅陣面臨無法出陣的危機，遂逐漸引入僮仔、將軍等陣頭取代獅陣。民國72年至73年（1983～1984），振興社開始以僮仔出陣，陸續添購土地公、濟公、三太子，共五尊僮仔。民國76年（1987）又加入將軍陣頭，最初的一對神將為周倉、關平，後又加入千里眼、順風耳。

　　由於振興社已無什音團陣頭，但出陣仍須音樂，加以現代年輕人對擊鼓有極大的興趣。因此民國100年（2011）左右，振興社引入震天鼓，取代什音團，做為引導武轎、僮仔、將軍的陣頭。震天鼓裝置於車上，旁另配置兩個小鼓，成為移動式的藝陣，是今日振興社出陣一大特色。

振興社以傳統武術獅頭改裝的創意獅頭藝陣（張逢銘社長提供）。

上｜振興社的震天鼓深受年輕人喜愛（張逢銘社長提供）。
下｜振興社以關刀為前引的特色陣頭（張逢銘社長提供）。

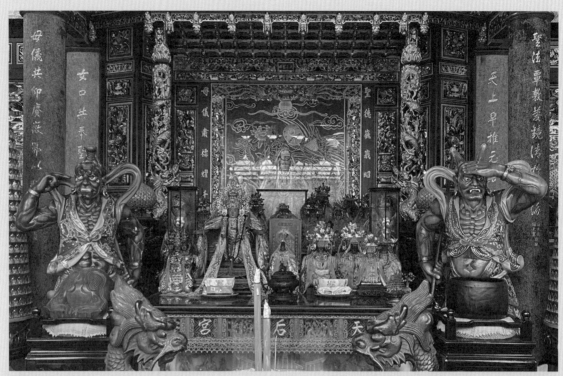

聖母會的發源地——福仁宮後殿天后宮（蒲姿璇拍攝）。

聖母會的千里眼、順風耳將軍，以及土地公、太子、濟公僮仔（蒲姿璇拍攝）。

另外，過去振興社出陣時會先進行武術表演，然後耍關刀、舞獅。今日雖已無耍關刀及舞獅的演出，但振興社突發奇想，將關刀與獅頭裝置於藝閣車上，隨遶境隊伍出陣，成為振興社的另類特色陣頭。[31]

9.聖母會

大溪聖母會成立於民國64年（1975），主祀天上聖母，為大溪福仁宮後殿天后宮所屬之社頭。由於福仁宮後之天后宮年久失修，民國63年（1974）蕭陳桃、簡邱金戀、陳花招等人發起聖母會誦經團募捐，修葺增建天后宮，成立聖母會會館。[32]民國64年（1975）以此團體為基礎，成立「聖母會」。成立初期會員約一百人，目前會員約有三百多人。[33]

民國72年（1983）聖母會開始參加普濟堂關聖帝君遶境，由於出陣人數不足，起先是加入共義團、樂安社隊伍參與遶境。但由於雙方成員默契不足，民國75年（1986）正式以大溪聖母會名義參與遶境。

聖母會創社初期只有神轎及誦經組。民國68年（1979）購入天上聖母護法千里眼、順風耳兩尊神將，成立將軍組。民國78年（1989）再行添購千里眼、順風耳神將一對。民國90年（2001）配合普濟堂關聖帝君聖誕遶境，購置關聖帝君護將關平、周倉。最初的兩尊千里眼、順風耳「老祖」，目前留置於天后宮正殿鎮殿，不再出陣，為聖母會鎮會之寶。

民國89年（2000），聖母會成立太子組、武轎組。目前聖母會出陣陣形完整，有將軍、僮仔、武轎、文轎、大鼓等組別。[34]此外，聖母會每次遶境還會出動大批會內精美繡旗參加遊行隊伍，旗海飄揚，聲勢浩大。

其遶境隊伍中最具特色者，莫過於迎請天上聖母的文轎。由於聖母會主祀天上聖母——媽祖，文轎轎班會成員全由女性組成，於遶境隊伍中增添女性柔美的氣氛，成為聖母會遶境中的一大亮點。

10.老人會

　　老人會成立於民國68年（1979）6月，由呂理深、游孝文所發起，目的是為了讓大溪年長者有休閒娛樂場地。社團成立時，老人會會館尚未落成，老人會活動聚會多在福仁宮前面廣場舉行。老人會主要成員為大溪區年邁長輩，入會資格在六十五歲以上。[35]創會初期會員人數約一百人左右，如今已接近兩千人。

　　老人會成立初期，即接受普濟堂邀請參與農曆6月24日關聖帝君聖誕遶境。由於成員皆為年長者，在遶境隊伍中備受禮遇。主辦單位擔心遶境時間過長，老人會的成員體力無法負荷，所以將老人會安排為緊接開路土地公後的第一陣，讓老人會可以盡早完成遶境，盡快休息。

　　由於成員都是六十歲以上的長輩，初期沒有特意訓練陣頭，只是單純跟著遶境隊伍踩街，不做任何表演。然而這群年長前輩也是絞盡腦汁，在盡可能的範圍內，讓老人會的遶境隊形更豐富，增加遶境的可看性。

民國 111 年（2022）六廿四，老人會遶境入街（引用自大溪大禧）。

老人會創立碑文，目前放置於福仁宮　　　　　老人會的陣頭亮點——竹筒炮（陳阿拋提供）。
（大料崁文教基金會提供）

　　老人會曾聘請藝師教授大鼓陣，並訓練儀隊表演。但由於訓練期間短，且會中多為年邁長者，只持續一年便停止這項陣頭表演。[36]老人會也曾發展北管，但也隨前輩凋零而沒落。近期，老人會號召成員，以什音演奏北管牌子，會員平日空閒時練習什音，組成什音團。現今，什音團成為老人會遶境隊伍中代表性陣頭之一。

　　民國96年（2017），老人會的遶境隊形中加入了竹筒炮。[37]這是現任老人會會長陳阿拋參觀屏東山地門原住民部落，看見原住民燃放竹筒炮所產生的靈感。原住民的竹筒炮，經其改良成大一號的竹筒炮。該竹筒炮不使用火藥，安全又不造成汙染；燃放時聲音響亮、氣勢磅礴，亦增添遶境時的歡樂氣氛，為今日老人會遶境行列中最有特色的陣頭。

11.鎮豐社

　　鎮豐社成立於民國72年（1983），發起人為呂秉鈞、吳啟龍及許木源等在大溪三角公園鎮豐宮旁市場做買賣的生意人，因此鎮豐社另有「菜市場幫」的別稱。[38]鎮豐社早期的社員均為鎮豐宮的信徒，社團性質即為鎮豐宮的管理委員會。社員已從最初的十二人，逐步擴充為三十多人。

左｜美華國小陀螺隊（陳志昌拍攝）。
右｜大溪國小 Q 版大仙尪仔陣（洪順福提供）。

　　民國73年（1984）鎮豐社開始參加普濟堂關聖帝君遶境，初期的陣頭以獅陣及尪仔為主。鎮豐社初成立時，由於副社長吳啟龍曾學習舞獅技藝，故由其訓練一批國中學生組成「忠義獅團」，於遶境與神明慶典時出陣表演。然而民國80年初，這批學生畢業後向外發展，獅隊已解散不再出陣。

　　另外，創社元老許木源由於經營廣告社（大吉藝品店），對玻璃纖維極為了解，親自製作尪仔給社員練習，為當年大溪最早以尪仔做為陣頭表演的社頭。鎮豐社尪仔造型多變，除神將造型，還會加入Q版政治人物及卡通人物，尤以後者深受兒童的喜愛與歡迎。

　　當年大溪各社團陣頭的表演性質非常相近，多為北管、龍陣、獅陣等，故鎮豐社創新、活潑的尪仔表演方式，對大溪普濟堂遶境內容的演進，具有開創性的意義。[39]可惜過去社團許多造型特別的尪仔不知流落何處，社團內目前只留下南極仙翁、土地公及達摩祖師三尊尪仔。

　　現任社長洪順福接任以來，鎮豐社因社內人手不足，無人可出陣。因此，他以大溪木藝博物館補助款支援美華國小成立陀螺隊，並協助大溪國小成立民俗技藝團，支援其訓練Q版大仙尪仔陣。目前大溪國小有關平、周倉、趙子龍、千里眼、順風耳五尊Q版神將。美華國小陀螺隊及大溪國小的Q版大仙尪仔陣，於遶

境等慶典活動時協助鎮豐社出陣，由於皆為學童，活潑、可愛且充滿朝氣，成為鎮豐社出陣的一大亮點。[40]

12.一心社

一心社成立於民國86年（1997）。成立契機為當年福仁宮開漳聖王慶典，由當年陳姓輪值殺豬公請客，陳寶印作東宴請邱坤良、李後鎮、李明達、廖學忠、李後寬等人。席間，邱坤良認為一心里人口已超過一萬人，地方卻沒有自己的社頭，因此提議成立社頭參加普濟堂六廿四遶境，於是邀陳寶印、李後鎮、李明達、廖學忠、李後寬等人共同發起，邀請當地對遶境具認同感的居民參加，並以所在地一心里為社名，取名「一心社」。

發起人當中，陳寶印曾擔任樂安社副社長，廖學忠、李明達為聯聲西樂隊成員，經營社頭經驗豐富，成立初期就已招三十餘位社員，並向普濟堂登記以一心社名義遶境。

第一年遶境，創社元老透過之前累積的社頭人脈，出陣陣形中有頭旗、小黃旗、大鼓一面、西樂隊一組、千里眼及順風耳將軍一對、三太子僮仔，以及白鐵製三寶架，已略

一心社神將——張苞將軍（陳志昌拍攝）。

一心社特色僮仔——鍾馗（陳志昌拍攝）。

見規模。一心社成立後,社務成長迅速,全盛時期社員有三百多人,迄今仍有二百餘人,是戰後成立的社頭中,規模數一數二者。[41]

由於陳寶印家族經營西樂隊,且創社元老廖學忠、李明達過去為聯聲西樂隊成員,創社以來西樂隊一直是一心社主要出陣陣頭。約民國100年前後,因社員對學習西樂興趣不大,西樂隊成員青黃不接,無法出陣。據當時擔任社長的李後寬表示,社員對跳官將首極感興趣,於是成立官將首陣頭。當年六廿四遶境時,大溪本地社頭沒有官將首陣頭,於是一心社官將首陣頭成為萬眾矚目的焦點,對大溪遶境官將首的引入,有引導性的象徵性意義。民國105年(2016)間,經社內討論,一心社的官將首陣頭不再出陣。

目前一心社遶境行列中的特色,當推將軍、偌仔莫屬。一心社是較晚成立的社頭,其將軍的組成,除了整合其他社頭常見的關平、周倉、關興、張苞、千里眼、順風耳,更加入歷史著名武將秦瓊、尉遲恭做為將軍,這對將軍為一心社所獨有之神將。

此外,一心社還獨具巧思地將驅魔帝君鍾馗化身為偌仔出陣,鍾馗偌仔紅臉長鬚、圓目怒張,看起來不怒自威,在遶境隊伍中頗為顯眼,成為一心社代表性的招牌陣頭。[42]

13.大溪哪德社

大溪哪德社發源於大溪天后宮聖母會的中壇元帥(哪吒三太子)信仰。民國89年(2000)聖母會開光奉祀鎮爐中壇元帥於天后宮中,並於聖母會中組成「太子組」。因中壇元帥神威顯赫,信眾弟子於每年農曆9月8日中壇元帥聖誕前,於天后宮舉行祝壽法會。民國91年(2002),許黃海、簡仕泓等太子組成員發起成立「大溪天后宮三太子祝壽會」,此為哪德社起源。

民國96年(2007),祝壽會因與聖母會成員理念不合,於是另行雕塑中

哪德社的太子陣頭（許黃海提供）

壇元帥金身，自天后宮中壇元帥神尊分靈開光，脫離聖母會，以「哪吒聖德」之意將組織改名為「大溪哪德聖轎班會」，並自當年起，隨大有社一起參與普濟堂關聖帝君聖誕遶境。民國101年（2012），由江志騰與許黃海向大溪鎮社團民俗技藝協會爭取，成為大溪社頭，並改名「大溪哪德社」，正式以哪德社社名參與遶境。

　　哪德社雖為年輕社頭，各方資源較資深社頭少，但社員秉持中壇元帥「哪吒聖德」理念，奉行「四不」政策：不抽菸、不吸毒、不嚼檳榔、不惹是生非，希望改變大眾對陣頭的刻版印象，提升陣頭文化素質，並期許為大溪六月慶典盡一份心力。哪德社社員主要以人脈關係做為連結，不收取社費，只收緣金，成員人數約七十人左右。

　　哪德社成立後，為拓展視野，積極參與各類陣頭比賽。民國99年（2010），哪德社參加臺南新營太子宮所舉辦的全國電音三太子競賽，榮獲「表現創意獎」與「最佳人氣獎」，更因表演中加入特技「飛天」的元素，受封「全國首創電音三太子殊榮」。民國100年（2011），二度參加新營太子宮全國電音三太子競賽，又再次獲得「哪吒太子獎」與「最佳人氣獎」。民國102年（2013），哪德社三度參加新營太子宮全國電音三太子競賽，取得全國第二名成績，並榮獲「最佳人氣獎」。[43]哪德社三度參賽，三度取得「最佳人氣獎」，可想見哪德社表演的精采程度，與圍觀群眾的火熱氣氛。

　　由於哪德社社員年輕具有活力，不受傳統思想束縛，遶境隊伍的活動極為新穎，陣頭表演中加入飛天、角色扮演等不同元素。哪德社以哪吒三太子活潑、逗趣充滿活力的形象為中心，發展出哪吒三太子駕車、騎馬的趣味陣頭，以及三太子騎龍的藝閣。

以哪吒故事為核心製作的文創彈珠臺
（張沂鈞拍攝）。

　　另外，陣形中更以《西遊記》、《封神演義》小說故事為腳本，陸續推出〈哪吒鬧東海〉、〈父子情深〉、〈三太子大戰孫悟空〉，以及串連以上三劇情的〈太子傳奇〉。[44]哪德社陣頭展現形態多元、創新，不只精采絕倫，也緊緊環繞著哪德社以中壇元帥為信仰中心的社頭特色，於遶境行列中辨識度高，且每每推陳出新，令人目不暇給！

三層社頭

1.新勝社

　　新勝社成立於大正8年（1919），其成員多為三層當地農民，以及於海山、順和煤礦工作的礦工。由於礦工的工作時間短，閒暇時間多，因此三層庄民郭石枝號召當地對北管樂感興趣的居民練習北管，演出子弟戲。北管樂、子弟戲的演出，除居民自娛娛人，也是為配合三層地方主要宮廟福安宮的慶典出陣、演出字姓戲。[45]

　　新勝社因有大溪烏嘴尖炭礦為人脈背景，礦方負責人皆為新勝社重要幹部，礦區員工皆加入新勝社，成立初期社務極為鼎盛，曾與同人社、協義社、興安社、大有社並列為大溪五大社團。[46]今日社員人數約一百七十人，多為三層地區居民，職業已不受限。

　　新勝社成立初期，聘請老師教授北管，購置彩牌、繡旗及桃、柳（千里眼、順風耳）兩神將，以壯大遶境聲勢。因此，新勝社早期在遶境隊伍中以北管陣及福安宮主神天上聖母護法桃、柳兩將軍為特色。桃、柳兩尊神將歷史悠久，目前供奉於福安宮正殿，關聖帝君遶境時才會出陣。且桃、柳兩將軍背後雲帶裝飾特殊、飄逸，非其他社頭將軍可模仿，為今日新勝社陣頭一大亮點。

　　民國34年（1945）臺灣光復後，受日治時期皇民化運動影響，停辦八年的各種祭典活動，重新舉辦進行，各社團熱烈籌備迎神遶境事宜。新勝社在此氛圍

下重新開始，迎來發展的另一高峰。民國35年（1946）新勝社禮聘林金樹教導北管子弟戲，演出大獲好評。直至今日，新勝社仍繼續傳承北管樂。自民國83年（1994）起，新勝社北管組組長林怡杰便陸續於河東的福安、永安、新勝三社頭傳習北管樂。民國106年（2017）起，林怡杰更每週固定於頭寮活動中心教授北管樂，學員以三層地區新勝、福安、樂閶三社頭為主。[47]

民國35年（1945）新勝社除恢復北管子弟戲的演出，且雕塑關平、周倉，新置天上聖母神轎，再添購紗燈、大風帆旗、頭牌，組織女子龍鳳隊及宮燈隊。其後，又召集青年組織舞龍隊伍，起初社員只是自學自玩，民國58年（1969）正式

新勝社第一代龍組成員合照（謝宏明提供）。

新勝社遶境隊伍中的女子宮燈隊（新勝社提供）。

新勝社第二代龍組成員於遶境隊伍中舞龍的英姿（謝宏明提供）。

延聘賴沛霖擔任技術指導。全盛時期，新勝社遶境隊伍極為壯觀，其所屬陣頭計有：北管、神將、女子龍鳳隊、女子宮燈隊、女子樂隊、男子龍隊等。目前，女子龍鳳隊、女子宮燈隊、女子樂隊已散佚多年。

新勝社之陣頭，最值得一提的是龍陣。民國60年（1971），新勝社男子龍隊以「新勝飛龍團」之名參加臺灣省政府舉辦的全省民間藝術比賽。「新勝飛龍團」先是在桃園舉辦的預賽中榮獲冠軍，其後代表桃園參加複賽獲得北區亞軍，最終在總決賽中獲得亞軍，僅次於國軍的龍隊，堪稱大溪鎮內一大盛事。

新勝社以龍隊聞名，三層地區有句俗諺：「弄龍弄腳，厝裡米甕弄樓。」[48]正不折不扣是當時新勝社龍陣成員的寫照。意思是說，龍陣的成員即使家中米甕已然見底，仍義無反顧地投入舞龍的練習。今日，龍陣依舊是新勝社的代表性陣頭。民國108年（2019），新勝社飛龍隊即代表桃園市與日本姊妹市成田市進行藝陣交流。[49]

2.福安社

福安社成立於大正9年（1920），主祀為五穀先帝。由於當時三層地區稻農缺乏娛樂，林阿傳、江再來、江金火等人提倡設立福安社，利用農暇學習北管樂自娛，成立初期社員以三層地區稻農為主。

福安社為三層福安宮所屬之社頭，初期學習北管樂，除了自娛娛人，也是為了辦理福安宮天上聖母慶典。福安社早期將出陣器具放置福安宮內，之後福安宮買下宮後空地，建置新勝、福安、樂團三社之社館，也讓三社有地方可以放置器具。三社每逢福安宮慶典活動需陣頭出陣時，則義務性地輪流替福安宮出陣。

日治後期皇民化運動期間，日人禁止傳統戲曲的演奏，福安社北管被迫停止。光復初期，邱春成、林明安二人召集社員重新練習北管樂，由北管組組長李阿得教授北管曲調，規模較日治時期為大。民國82年（1993）李阿得去世後，北

福安社主祀五穀先帝文轎（游建霖提供）

福安社夜練（游建霖提供）。

管組社員年齡偏高，北管傳承呈現青黃不接的情況，無法出陣。[50]中斷期間以花鼓陣取代北管陣出陣遶境。民國85年（1996）恢復北管，期間曾請三層童萬興協助指導，目前每週由新勝社北管組組長林怡杰於頭寮市民活動中心指導，固定時間練習。

福安社早期以北管陣為特色，陸續發展出將軍、僮仔各組。將軍組成立時，福安社與新勝社同屬於福安宮，兩社為「兄弟社」。[51]當時新勝社已有周倉、關平，因此福安社沒有這兩尊神將，而是另外購置王甫、廖化、趙子龍。其中神將趙子龍外觀留著花白的鬍鬚略顯老成，有別其他社頭的年輕扮相，為大溪社頭僅見。此外，福安社一眼微閉、一眼睜大眼球靈動的醉酒小沙彌僮仔，也是該社遶境時的特色亮點之一。

3.樂豳社

樂豳社成立於昭和2年（1927），由頭寮林厝底（現名「竹篙厝」）梅鶴山莊林氏家族子弟林源欽，邀集頭寮地方同好，為參加普濟堂關聖帝君遶境所組成。創社時，國文學者林維龍取《詩經》十五國風「豳風」之「豳」字，將社名取名「樂豳」，其意為期許所有參與社團的成員都喜歡古樂之意。

原本三層地區已先後成立新勝社、福安社參加普濟堂關聖帝君遶境。然而兩社雖同位於三層地區，卻與頭寮略有距離。因此林源欽方興起籌組頭寮自己社頭參與遶境之意。樂豳社成立初期，社內大小事務皆由林源欽操持，經其不斷奔走，並得地方熱心人士支持，於頭寮地區招募五十多位新成員，奠定樂豳社基礎。[52]

過去樂豳社主要成員為梅鶴山莊成員與頭寮附近農民，但今日頭寮人口外移，社員仰賴人脈拓展，分布於大溪地區各地，人數約一百二十人。樂豳社社員平均年齡約三十多歲，為現今大溪社頭中年輕、充滿朝氣的社頭。

樂豳社以北管立社。北管樂的練習主要是為了農曆6月24日的普濟堂遶境，平日則配合社員需求，協助婚喪喜慶的陣頭。[53]在林源欽的奔走及林氏家族的大力支持下，樂豳社購買樂器、聘請老師，並以梅鶴山莊北廳為練習社館，發展出實力堅強的北管樂團。

日治後期，受皇民化運動期間禁止民俗戲曲發展的影響，北管樂曾中斷十數年。光復後，幸賴三層地區以林阿埤為主的一群七十多歲長輩重新組織，先後聘請林源深、李傳復教授北管樂，恢復北管陣頭。但如今樂豳社因時代變遷，已無

福安社主要的將軍、僮仔陣頭（游建霖提供）。

北管成員，遶境時的北管陣頭為外聘，使用樂豳社樂器。

樂豳社成員，以及六丁、六甲、千里眼、順風耳等出陣將軍（賴銘偉提供）。

樂豳社近期出陣改以僮仔、將軍為主。僮仔因社團內兒童人數增多而增置，目前社內有三太子兩對。其擬真的臉孔、特殊的髮型，搭配活潑俏皮的形象，往往成為遶境中的寵兒，以獨輪車表演更是一絕。民國110年（2021）樂豳社太子參與《神之鄉》拍攝，成為遶境隊伍中另類的明星。

將軍陣頭中，六丁、六甲取自《封神演義》，為道教護法神將。兩神將身披戰甲，六丁紅髮花面

樂豳社負責女神將關鳳的以女性社員為主（賴銘偉提供）。

尖牙，六甲黑髮花面閉口，獨特造型增添神將神祕氣勢，為樂豳社特有之將軍陣形。樂豳社將軍中最值得一提的是女神將——關鳳郡主，一直以來都由女性社員扛弄，負責女性社員約二十名。當初設計時，刻意將神將的身高降低並減輕重量，其重量約20～25公斤，以利女性社員扛弄。關鳳郡主是大溪唯一的女神將，在樂豳社遶境隊伍中，往往成為鎂光燈鎖定的焦點。[54]

永福社頭

1.永安社

　　永安社成立於大正8年（1919），由烏塗窟居民周金枝、顏有福、蔡文發、黃水船、黃成來等人發起，召集村內居民十餘人，利用閒暇學習北管福祿派樂曲自娛。創社初期，社員以烏塗窟（約今日永福里境內）茶農、果農，以及少數礦工為主。今日因烏塗窟人口外流，社員多以人脈做為連結，分散於大溪各地區，目前人數約一百五十人左右。

　　永安社以北管音樂起家，北管音樂從創社以來，傳承、出陣，至今從未間斷。民國38年（1949），永安社聘亂彈戲藝人「落屎寅」及樂師「老先」，教授社員北管子弟戲前後場。當時藝師教授子弟戲要求相當嚴格，不管是後場的北管樂曲演奏，或是前場演員的身段唱腔，要求皆一絲不苟。同年於龍山寺連續兩天演出四齣子弟戲──《黑四門》、《忠義節》、《海瑞取寶》、《紫台山》，頗受地方歡迎與好評。

永安社於六十年代初期遶境行經和平街（大料崁文教基金會）。

同義社定期於社館練習北管（丁玉淑提供）。

民國81年（1992），永安社於龍山寺左側聚賢樓設立曲館，供奉西秦王爺，以及由普濟堂分靈而來的關聖帝君神像。永安社樂器、裝備皆置於此。曲館每週開放予社員或對北管樂曲有興趣的當地居民練習。期間曾請李詩妹、社員徐裕鎰及新勝社林怡杰指導。[55]

民國50年代，永安社加入趙雲與馬超兩尊神將，壯大遶境隊伍。以這兩尊將軍為基礎，持續增加關帝四大護將——周倉、關平、王甫、廖化，以及下五虎將——關興、關鳳、張苞系列，並為協助龍山寺慶典活動，配合其祭祀神祇——媽祖，增加千里眼、順風耳兩將軍。民國84年（1995）開始添購僮仔，壯大遊行聲勢並讓遶境隊伍活潑化。民國100年（2011），現任社長簡邦傑為讓國小學童練習扛弄僮仔，讓陣頭文化從小扎根，特別訂製身高約100公分的迷你版僮仔，成立小小太子團，目前迷你版僮仔有三太子、楊戩、土地公。迷你版僮仔出陣

永安社的迷你版三太子僮仔（陳志昌拍攝）。

俏皮逗趣，成為永安社出陣一大特色。永安社包含將軍、僮仔，擁有二十七尊神將，為大溪最多神將的社頭。[56]

2.同義社

同義社成立於大正15年（1926），由烏塗窟（今日大溪「永福里」）一帶臺陽煤礦礦工、茶農及橘農組成，主祀田都元帥。由於成員多為烏塗窟一帶居民，過去被稱為「烏塗窟團」。烏塗窟當年因開採煤礦，地方相當繁榮。礦工工時短，每日只須入礦坑一、二小時，便於閒暇時學習北管樂自娛，並聘請基隆「得意堂」（北管西皮派）先生教授北管樂曲。[57]

光復後，聘請臺北三峽陳結及彰化員林「炎火先」教授北管樂，在同義社原

有的基礎上招募新成員，重新恢復社團運作。[58]民國38年（1949）同義社邀請歌仔戲職業演員烏憨（飾演「淨角」角色）教授歌仔戲，開始學習子弟戲。此後，每年天上聖母聖誕、保儀尊王聖誕二日，同義社皆於龍山寺演出歌仔子弟戲。民國41年（1952），因烏塗窟附近礦業沒落，地方人口外流，同義社社務受到極大衝擊，子弟戲演出告一段落，北管樂的練習也宣告終止。[59]同義社社務運作停頓近十年。[60]

民國77年（1988），同義社社館（永福派出所旁）落成。同義社頭人提議恢復北管樂的練習，聘請基隆得意堂陳萬億、許朝旺（鬍鬚先）來班授藝，讓同義社北管重現往日蓬勃景象。在陳金德、朱明川等幾任社長的戮力經營下，伴隨社內北管樂的復興，民國90年（2001）後，同義社才重新以本社社名參加普濟堂遶境。

自民國80年代同義社北管樂重新出發以來，北管樂的傳承不曾間斷。其中除社內成員傳承，如民國84年（1995）社內的授樂老師便是本社出身的王建民。此外，今日亦聘請臺灣藝術大學老師楊晴儀、葉冠廷兩位老師，每週固定兩天，利用晚上時間，於同義社社館教授北管，培育同義社下一代北管新血，學員以附近永福國小學生或家長居多。

同義社將軍陣
（同義社提供）

同義社北管陣、嗩吶陣參與遶境情形（丁玉淑提供）。

　　同義社目前已發展出將軍、僮仔等陣頭，但出陣仍以北管為主。由於同義社北管的練習是以遶境的需求為主，出陣時並未使用所有的樂器，只使用嗩吶、鑼、小鼓、響盞、大鈔、小鈔，其中以嗩吶的人數最多。同義社北管樂曲的演奏技藝精湛、陣容整齊堅強，於大溪地區頗負盛名，可說是大溪最具規模的北管團體之一。

內柵社頭

1.共義團

　　共義團前身為「臥龍社」，約於大正10年（1921）成立。[61]共義團由大溪鎮民石番婆、江宗料、呂成、呂傳成、江力、李永雷、李清根、李詩眛、李永武、李詩偉、邱立、張阿春、黃興木、詹阿心、楊水源、蕭阿傳、戴仁輝及謝阿福等十八人，為參加普濟堂關聖帝君聖誕遶境而發起。

　　社員皆為鎮內拉輕便車、木工、礦工等勞動界人士，並以社內成員「臥虎藏龍」，取名「臥龍社」，後改名為共義團。[62]民國60年代，由於政府推行十大建設，對勞動人士需求量高，社內團員增加，為共義團最興盛的時期。今日團員已不再局限於勞動界人士，團員約八十餘人。

　　日治時期，共義團設有西樂組，並有北管子弟戲的演出。光復後，共義團先設龍組，後恢復北管組。之後陸續增設獅組、神轎組、將軍組及花鼓組等，近期又加入太子班。

　　一直以來，共義團皆以舞龍為其特色。據團內耆老傳述，共義團舞龍的傳統，或許跟之前「臥龍社」的社名有關。共義團過去團員眾多，舞龍需多人舞弄，一方面可讓團員有參與感，一方面亦可聚集人氣，因而成立龍組。共義團有一尾十七節神龍，為大溪最長神龍，目前出陣以一尾九節神龍為主。

　　將軍與神龍為共義團最知名的陣頭。然而共義團因團員人數減少，出陣陣型

逐漸轉以將軍為主。共義團有十四尊將軍，[63]單以將軍數量而言，為大溪擁有最多神將的社頭。將軍中，關平、周倉為團內第一組將軍，迄今已約七十年，木雕頭部、牛皮製冠帽，製作極為精美，為共義團重要文化資產。此外，民國91年（2002），共義團龍組提議製作四海龍王四尊將軍，有延續「臥龍社」以龍為主的特色之意。目前四海龍王四尊神將展示於大溪福仁宮之內，出陣多以關平、周倉、王甫、廖化四大將軍，以及三尊三太子僮仔為主。

近期，共義團遶境陣頭加入太子班，豐富遶境陣形。雖是新加入的陣頭，但共義團對太子班的訓練極為講究。六廿四故事館內的太子舞步體驗系統，就是採用共義團練習時的七星腳步走法。

共義團團員練習舞龍（呂建德提供）。

上｜共義團社館擺設的千里眼、順風耳，以及四海龍王等將軍（呂建德提供）。

下｜共義團太子班遶境入街（呂建德提供）。

　　共義團為大溪五大社之一，在遶境儀式及隊伍中，在在顯示其重要地位。共義團在農曆6月24日的慶典中，負責迎請普濟堂關聖帝君「二祖」神尊，出陣時團員固定穿著橘色褲子，遶境當天僅次於同人社，為倒數第二入街的社頭，由此可見共義團於大溪社頭中所扮演的重要角色。[64]

2.仁安社

　　仁安社約成立於大正13年（1924），主祀關聖帝君，為內柵李永武、楊英章、林有源、李清吉等人邀集庄內同好學習北管樂（福祿派），延聘北管先生前來指導子弟戲，並參加普濟堂關聖帝君遶境。成立時，因認為大溪各處都應該有一個社頭參與遶境，故以地方公廟「仁安宮」為名，取名「仁安社」。

　　仁安社成立初期，由於經費拮据，遶境時拿不出稱頭的行頭，曾被戲稱為「破布社」。然而民國50年代後，一位到臺北經商致富的社員，擲筊當上爐主，陸續為仁安社添購各項裝備。於是仁安社從北管起家，自民國53年（1964）左右，陸續加入神將、舞龍、僮仔及轟天鼓等陣頭。出陣陣形完整，裝備精美，社員人數二百多人，發展成大溪頗具規模的社頭，已不可同日而語。

　　北管為仁安社最初的特色陣頭。民國40年（1951）曾延聘臺北亂彈藝人「金樹」教授亂彈戲，每晚於仁安宮練習，三年內共習《金沙灘》等十餘齣戲，分別於內柵及大溪鎮內扮演子弟戲。然而隨著社內北管前輩凋零、樂器失修損壞，逐漸沒落。民國80年左右，社內頭人力圖振作恢復，再度招募人員學習北管，可惜功敗垂成。[65]

仁安社參與六廿四活動（引用自大溪大禧）。

　　民國53年（1964），仁安社開始建置將軍組，組內目前神將計有王甫、廖化、千里眼、順風耳、趙子龍、周倉、關平等七尊將軍。王甫、廖化是仁安社第一對神將，其雕塑過程充滿傳奇性，一直為社員所津津樂道。據傳，簡瑞斌當初花了近一年時間才將王甫、廖化將軍的頭部雕刻完成。原因是，雕刻期間王甫、廖化入夢顯靈，展示其容貌。簡瑞斌每日睡醒後，趕緊依夢所示雕刻，然而每日靈感皆只持續五、六分鐘，故兩尊將軍頭部刻了一年。兩尊將軍神色威武，不怒自威，非常具有特色。

　　民國55年（1966），仁安社加入了舞龍陣形。其龍陣的起源是，仁安社至臺北發展的簡姓爐主住家附近發生火災，大火延燒到簡家隔壁就熄滅了。簡姓爐主認為是關聖帝君顯靈庇佑，因此捐贈神龍一尾予仁安社感謝神恩。翌年，又捐贈一尾神龍。仁安社以這兩尾神龍為基礎發展雙龍陣。

仁安社遶境隊伍中的領隊車（大嵙崁文教基金會提供）。

　　仁安社起初請臺北師傅前來教授舞龍基本技巧後，之後便由社員互相傳承。仁安社雙龍陣與曾獲得全省舞龍比賽亞軍的新勝社飛龍隊齊名，是仁安社最為人所稱道的陣頭。

　　目前仁安社出陣，社員固定穿著橘色上衣，以與其他社頭做區別。除將軍、雙龍陣，仁安社擁有二十多尊偶仔，為大溪社頭之最。民國104年（2015），主任委員李俊宏見年輕社員熱衷鼓藝，於是捐贈轟天鼓一座，並請虎緣轎聯會老師前來授課，現今由社員互相傳承，在遶境隊伍中也頗為吸睛。[66]

3.金鴻慈惠堂

　　金鴻慈惠堂由簡林宣惠創辦，成立於民國69年（1980），主祀神明為瑤池金母，是以宮廟為名參與普濟堂關聖帝君遶境的社頭。民國79年（1990），金鴻慈惠堂信徒與簡瑞雄討論是否成立醒獅團。醒獅團表演熱鬧，容易炒熱氣氛，但出陣價格高，一天出陣要價4、5萬元。簡瑞雄為使金鴻慈惠堂往後出門進香、慶典活動不必再外聘陣頭，因此集結信徒籌組醒獅團。

　　簡瑞雄招募內柵鄰近學校內柵國小、大漢國中學生參與練習，並延聘臺北新莊「鴻勝醒獅團」林慧能擔任教練，民國81年（1992）成立「金鴻醒獅團」。獅團成立初期，跟隨內柵仁安社參與遶境，民國83年（1994），才正式以金鴻慈惠堂名義參與遶境。

　　獅團為金鴻慈惠堂最具特色的陣頭。金鴻醒獅團發展初期，成員由內柵地區高中、國中、國小學生組成，負責人為簡瑞雄，團長簡錦榮。除請林慧能指導醒獅基礎技巧，簡瑞雄更別出心裁，配合時代需求調整醒獅節奏，加入梅花樁及醒

金鴻醒獅團聲名遠播，曾受邀參與費玉清所主持的綜藝節目（簡瑞雄提供）。

獅細緻動作，讓醒獅表演更具可看性。獅團由簡瑞雄與簡錦榮訓練，每位團員都經過扎實訓練，技藝精湛。

民國83年（1994），團員代表所屬學校參加桃園縣第一屆縣長盃國中國小組舞獅技藝競賽，以金鴻醒獅團團員為主幹的大漢國中與內柵國小，分別榮獲國中、國小組金獅獎。之後，醒獅團還曾連續五年得到全國中正盃獅藝錦標賽第一名殊榮，金鴻醒獅團獅藝深受各方肯定。此外，金鴻醒獅團也配合獅陣發展鼓陣

與龍陣。民國91年（2002），其龍陣獲得全國全民運動會第二名，技藝精湛備受
肯定。

　　簡瑞雄曾受內柵國小校長邀請，至國小傳授醒獅技巧，該批學員成長後又進
入大漢國中，成為金鴻醒獅團的主力。這批學員今日已近四十歲左右，多人投入
醒獅訓練，為培育醒獅新血而努力。金鴻慈惠堂堂後倉庫內設有梅花樁、醒獅及
大鼓，鄰近對醒獅感興趣的學童會到這裡來，由簡瑞雄指導練習。

金鴻醒獅團的五虎將醒獅（陳志昌拍攝）。

　　不過，簡瑞雄表示，金鴻醒獅團目前沒有固定團員，金鴻慈惠堂遶境時約二百人，遶境成員由信徒、陣頭組成，陣頭部分則商請過去學員回來幫忙。過去，桃園大溪曾有數個社頭擁有臺灣獅團、醒獅團陣頭，但目前僅金鴻慈惠堂有固定的自有獅陣。金鴻醒獅團醒獅造型色彩鮮豔、動作華麗，且演出變化多樣，在遶境隊伍中十分搶眼。[67]

金鴻醒獅團於普濟堂前表演（金鴻醒獅團提供）。

月眉社頭

1.農作團

　　農作團約成立於昭和10年（1935），[68]由大溪月眉地區農民、碾米廠經營者，以及在地居民組成。農作團前身為五穀先帝神明會，由於月眉地區瀕臨大漢溪，開發較早，地方居民多以務農為生，地方江姓、李姓望族於是號召組成神明會，供奉農業祖師五穀先帝，以期風調雨順、五穀豐收，並利用農暇聚集成員學習北管樂（福祿派），協助鄰里婚喪喜慶。[69]後為參加關聖帝君聖誕慶典，進一步組成農作團。

　　過去農作團成員主要以月眉地區農業相關從業人員為主，今日成員已漸多元化，團員約一百人左右。

　　北管是農作團最重要的陣頭組織，從日治時期傳承下來。光復初期，農作團北管因日治皇民化時期暫停運作數年，長者已無法出陣，遂由曾火順出面號召，聘請阿富師、黃仔統跟江枝同，重新培訓北管子弟團。

　　農作團北管成員技藝精湛，傳承過程卻接連遇到兩次極大挑戰。首先是民國50年（1961）左右，因內部成員理念差異，團內有一半以上北管成員出走，另行成立農友團，導致元氣大傷。緊接著

農作團的北管陣頭（呂理民提供）。　　　　　農作團的神牛藝陣（引用自大溪大禧）

是民國52年（1963）葛樂禮颱風過境，月眉地區水患嚴重，農作團存放於李騰芳古厝的樂器、繡旗、神龍等裝備均遭大水沖走流失。又因水患，月眉地區許多房屋傾倒，三、四十戶人家遷出，社員人數銳減，團內活動因此暫停數年。後有賴李詩義主持，重新添購樂器，恢復北管練習。北管的傳承一向被農作團視為重要的任務，現任主委也積極補助經費持續辦理北管傳承活動。[70]

　　除了北管，民國50年代左右，農作團曾發展過龍陣。農作團當時有兩尾七節神龍，聘請協義社龍組成員前來教授舞龍技巧，因為七節神龍較大溪其他社頭神龍節數少，長度也比較短，被戲稱為「水蛇龍」。不過，農作團是以北管為主的

小型地方社團，舞龍需要年輕人及較多的人手參與，因此龍陣練習了兩、三年，沒有正式出陣紀錄。[71]

民國105年（2016），農作社在遶境隊伍中加入了神牛陣。農作團以「摸春牛」為概念，特別訂做一座神牛模型。在遶境隊伍中，神牛除可供遶境信徒撫摸分享福氣，也充分表現出農作團社員以農民為核心的職業特性。

2.農友團

農友團成立於民國42年（1953），成員以月眉地區種稻農民為主，主祀五穀先帝。農友團乃從農作團分出，當年因與農作團以地主、地方仕紳為主要團員的理念不合，故而出走自立門戶，成立農友團。成立初期僅十一名團員，經營迄今團員已接近四十人。今日團員多靠人脈連結，不再以務農為主，並以江氏家族為大宗。

農友團創社初期聘阿桶先來班教授北管福祿派樂曲。當年學習期共八個月，待阿桶先教授期滿後，農友團再聘鄭碧嚴先生教授「排仙」戲曲。[72]然而，創社前輩凋零，樂手老化，新進成員因北管樂的學習較為困難，對於學習北管缺乏動力。加以，北管從練習到能出陣，所需時間甚長，較難引起年輕一輩興趣。今日北管已無法獨立出陣，遶境時必須仰賴外聘北管陣頭。[73]

從過去到現在，牛犁陣可說是最能代表農友團農民身分的陣頭。由社員穿著蓑衣、戴著斗笠，推著牛犁跟隨遶境，藉此彰顯農民特質。[74]近期為吸引年輕社員參與，加入僮仔、將軍、武轎等新陣頭。雖是新型態的陣頭，但仍充滿農民「看天吃飯」的特色——影響農業生產的自然神祇化身成農友團陣頭的特色亮點：風神、雨師、雷公、電母，成為農友團遶境隊伍中俏皮逗趣的僮仔，以及武轎四角落的「轎夫」；太陽星君與太陰星君也化身為神將，成為農友團的特有將軍。

農友團特有神祇——雷母（農友團提供）。

農友團牛犁陣（農友團提供）。

農友團特有的雷公僮仔（江慶桓提供）。

今日普濟堂關帝聖誕遶境隊伍中，農友團雖團員人數不多，但出陣陣形中有大溪僅存的八角文轎、充滿農家風情的牛犁陣，還有僮仔、將軍、武轎等陣頭，讓農友團成為遶境隊伍中令人注目的特色社頭之一。

3.大溪義勇消防中隊

桃園市政府消防局義勇消防總隊第四大隊大溪中隊，簡稱「大溪義勇消防中隊」。大溪義勇消防中隊前身為日治時期的「民防消防隊」，當年因政府編制內消防人力不足，因而招募民間對救火有心的社會人士加入，組成「民防消防隊」。此一制度自日治時期延伸到臺灣光復後，並將名稱改為「義勇消防隊」，大溪義勇消防隊也於光復後併入桃園市消防局大溪分隊。

民國68年（1979）年底，大溪中央路、三層、竹仔寮等地，接連發生二十多起火災，造成不小的傷亡。大溪義勇消防中隊幹部商議結果，決定前往桃園縣景福宮迎請火德星君至大溪遶境鎮煞，並雕製火德星君神尊由景福宮「分香」至普濟堂祭祀。

遶境隊伍中義消的火德星君武轎（黃智弘提供）。

水滴寶寶及婦女防火宣傳隊（黃智弘提供）。

　　在此之前，大溪義勇消防中隊與普濟堂只有在宮廟慶典進行與消防有關的活動時，雙方才有接觸。火德星君入祀普濟堂後，義勇消防中隊會在火德星君聖誕（農曆6月23日，關聖帝君聖誕前一日）當日，前往普濟堂舉辦火德星君祝壽祭典。每年1月19日消防節，大溪義勇消防中隊也會至普濟堂迎請火德星君遶境，以祈求地方燭火平安。[75]

　　民國88年（1999），由於大溪義勇消防中隊屬半官方組織，且隊員身著制服執勤，因此普濟堂委託隊員維持關聖帝君祝壽大典秩序，以利典禮順利進行。也是從此時開始，大溪義勇消防中隊開始參加普濟堂關聖帝君聖誕遶境。但由於大溪義勇消防中隊一直被認定為政府組織，每年都要拜託參與遶境的社頭團體，讓其「插隊」遶境。民國93年（2004），大溪義勇消防中隊才正式被大溪社團民俗技藝協會認定為社頭團體，正式以自己的隊名參加遶境。

　　在六廿四遶境活動中，大溪義勇消防中隊扮演非常重要的角色。全臺灣只有大溪義勇消防中隊會特別配置人力，擔任司儀、司樂、司鐘、司鼓、鳴炮、禮生，協辦普濟堂關聖帝君祝壽典禮，並維持現場秩序，讓祝壽大典儀式順利進行，還動員成員參加遶境。其遶境陣形除大溪特有的火德星君神轎，更以消防車為前導，展示消防隊水上摩托車、汽艇等裝備。鎮中並有消防局的水滴寶寶配合婦女防火宣傳隊做防火宣導，十足呈現出消防隊防火消防的打火英雄本色。[76]

河西社頭

1.嘉天宮同義堂

　　嘉天宮同義堂是崎頂嘉天宮所屬社頭，成立於民國80年（1991），由黃明能、鍾延煌及黃復宏三人發起，組織嘉天宮信徒共同成立，是大溪河西地區最早參與普濟堂關聖帝君遶境的社頭。[77]

　　遶境活動早期沒有河西社團參與，然而自民國70年代以來，河西崎頂一帶人口聚集，已發展成為商業中心。此外，許多河東社頭成員遷移到河西，有就近組陣頭參與遶境的需求。因此，以黃明能、鍾延煌及黃復宏為首的幾位地方仕紳，於民國79年（1990）向普濟堂爭取，並於民國80年（1991）正式成立社頭參與遶境。

　　創社元老鍾延煌原為永福同義社北管藝員，與同義社同樣師承基隆「得意堂」許朝旺，立社時為表示不忘本，取「同義」為名，以「堂」區分兩社頭不同，取名「同義堂」。然而，同義堂名稱常與同義社、忠義堂等社頭搞混，遂於數年前冠上宮名，改稱為「嘉天宮同義堂」。

　　同義堂主要成員原為嘉天宮信徒，現今則是透過同儕關係擴展，人數約一百人，成員年齡約四十歲左右，是充滿活力的社頭。

　　嘉天宮同義堂創社初期遶境陣形非常單調，只有文轎、花鼓與北管，後

嘉天宮同義堂的將軍陣形整齊（張書武提供）。

嘉天宮關平太子暨總幹事張書武（桃園市立
大溪木藝生態博物館提供）。

來逐漸發展出將軍與龍陣。嘉天宮同義堂總幹事張書武認為，大溪陣頭三大
特色為北管、將軍與龍陣。嘉天宮同義堂便是依此三大特色，逐步建構遶境
陣形。

　北管為創社以來的特色，也是嘉天宮同義堂一直以來的亮點之一。同義
堂發起人之一的鍾延煌出身同義社，與同義社皆為大溪僅存西皮北管流派。
創社以來，社頭內北管由鍾延煌執教訓練，他曾教授一批國小學童，出陣時
常成為遶境隊伍中的焦點。二、三年前，鍾延煌出走，另行成立「鍾家班」
自成體系，使得社內北管出現傳承斷層危機。

將軍組的成立，在於配合北管樂聲音的演出。起初嘉天宮並無神將，向各社頭借用練習，後來成員固定後，於民國82年（1993）購置第一對將軍——千里眼、順風耳，民國95年（2006）再購入第二組將軍——關平、周倉。目前嘉天宮同義堂在張書武總幹事的指

嘉天宮遶境隊伍中的龍陣（張書武提供）。

導下，對將軍傳統文化傳承不遺餘力——他亟欲讓大溪成為「神將訓練中心」。張書武承襲父親張紹釗神將教學經驗，編寫講義，製作教學手冊、教學影片，期望深耕神將文化。

民國105年（2016），同義堂吸收了其他社頭龍陣成員成立龍陣，將同義堂的陣頭架構，組織得更為完整。同義堂與同人社、協義社、共義團、新勝社、仁安社等社，是大溪少數保有龍陣的社頭，在遶境隊伍中，格外引人注目。[78]

2.帝君會

帝君會成立於民國96年（2017），為大溪古公三王宮所屬之社頭。三王宮創立於民國74年（1985），宮內供奉主神為柳信、葉誠、英勇三位古公王，專長分別為醫生、堪輿、道法，係從宜蘭二結王公廟分靈而來。

古公三王宮創辦人鍾華登認為大溪河西僅僅只有一個社頭——嘉天宮同義社——參與六廿四關聖帝君遶境，不夠熱鬧。因此邀請河西地區三間信奉關聖帝君的私人宮廟，組成社頭參加遶境，並輪流負責每年度參與遶境事宜。後來其他兩間宮廟因遷徙、另組陣頭等原因退出，使得成立的社頭歸屬於古宮三王宮之

下。由於古公三王宮宮內供奉關聖帝君，而大溪尚無以關聖帝君為名的社頭，故將社頭名稱取名為「帝君會」。

帝君會主要成員為三王宮宮廟信徒，初成立時人數約一百多人，今日社員約有二百人左右，成員年紀約在二十至三十歲之間，屬於年輕的社頭。

帝君會遶境一開始就有將軍、僮仔、大小鼓，後來陸續發展出官將首、震天鼓等陣頭。其中最特別的是將軍，帝君會配合古公三王宮祭祀神祇配置出陣將軍，使帝君會將軍陣形出現有別於大溪其他社頭的神將。例如：古公三王宮供奉媽祖、金母娘娘，因此出陣的神將就有媽祖的護法——千里眼、順風耳，以及金母娘娘的護法——雷公、電母。此外，將軍組所有神將的組裝、雕刻，皆出自於將軍組組長簡正昌之手，有別於其他社頭的風格，令人印象深刻。

近年來，因流行震天鼓，深獲年輕人喜愛，且大鼓陣熱鬧莊嚴，因此於民國100年（2011）訂製裝備，引進震天鼓，由創辦人鍾華登親自訓練，為今日帝君會成員最多的陣頭。[79]

左｜帝君會的官將首陣頭（鍾佳憲提供）。

右｜簡正昌雕刻的雷公將軍（鍾佳憲提供）。

3.玄元社

玄元社成立於民國97年（2008），為大溪皇天宮所屬之社頭。[80]

民國97年（2008）10月，關聖帝君託夢皇天宮住持游全得，表示：「百年來『迎聖帝公』只遶河東，不遶河西。希望游全得能組社頭，協助辦理河西遶境一事，讓『迎聖帝公』遶境可以遍及河西全境，也可讓遶境活動辦得更隆重、熱鬧。」

其實，當年河西已有同義堂、帝君會參與遶境活動，但南興、埔頂、員樹林、番仔寮一帶幾間庄頭廟，如南興永昌宮、埔頂仁和宮、員樹林三元宮、番仔寮瑞源宮都沒有自己的社頭。

六廿四遶境時，遶境社頭為趕行程，遇廟總是稍微停駕行禮，便匆匆離去，信眾也無法好好參拜。再加上近年來河西人口增加，為平衡河東、河西兩邊的遶境規模，方便兩邊信眾參與遶境盛會，於是游全得興起了在河西地區成立社頭的想法。

玄元社的震天鼓陣頭（玄元社提供）。

玄元社的遶境隊伍（林瑞家提供）。

　　游全得曾擔任過福安社三年社長，有經營社頭的豐富經驗，卻苦於資金問題。後來在皇天宮同修顏貽順及友人資助下，購入震天鼓、武轎、僮仔、將軍，並以皇天宮祭祀神祇「玄元太子」為社名，成立「玄元社」。[81]

　　玄元社成立後，招募南興、埔頂、員樹林、番仔寮一帶年輕信眾參與陣頭練習，相繼成立將軍、僮仔、震天鼓、武轎等陣頭。游全得為去除一般群眾對陣頭成員的負面形象，嚴格要求社頭成員於出陣時禁止抽菸、喝酒，並期許社員以學業為重，絕不讓社員向學校請假來練習、出陣。他以身作則，出陣時自備塑膠袋蒐集垃圾，告誡社員借用廟宇場地練習時，結束後要主動將場地清理乾淨。游全得的努力逐漸得到當地民眾認同，社員人數從創社時期的三十餘人，迄今已成長近七十人。

左｜神駕團及道傘隊（羅明春提供）。
右｜涼（娘）傘隊（羅明春提供）。

　　玄元社有將軍、僮仔、震天鼓、武轎等陣頭，每次出陣都令人耳目一新。哪吒三太子僮仔，每次出陣前都會有髮型設計師為三尊太子設計新髮型。[82]新潮的髮型搭配三太子活潑、逗趣的動作，往往成為遶境行列中的焦點。此外，近年來游全得為讓學童自小接觸傳統宗教文化，訂做迷你神轎，訓練學童抬神轎，組成「小小轎班團」。沒想到小孩稚嫩又不失專業地抬著迷你神轎的模樣，十分逗趣、可愛，意外成為玄元社遶境的亮點之一。[83]

4.聖廟無極總宮

　　聖廟無極總宮是以宮廟組織加入普濟堂關聖帝君聖誕遶境的社頭團體，社頭

成員為聖廟無極總宮的信徒，以女性為主，大部分來自於崎頂社區，人數約三百人左右。

聖廟無極總宮主祀瑤池金母，為羅明春住持創建的廟宇。羅明春具通靈體質，民國88年（1999）經神明指示，於桃園八德市建立「無極聖廟總宮」。民國93年（2004），搬遷至大溪崎頂現址。民國100年（2011）更名為「聖廟無極總宮」。

民國102年（2013），聖廟無極總宮新刻關聖帝君神尊後，神明諭示羅明春參與遶境活動。於是，聖廟無極總宮申請加入大溪社團民俗技藝協會，並於當年參與關聖帝君聖誕遶境。

聖廟無極總宮於民國88年（1999）成立後，為應付宮廟進香、法會、祝壽等慶典活動，成立大鼓、道傘、神駕團等陣頭。民國102年（2013），加入關聖帝君聖誕遶境後，又再加入僮仔、涼（娘）傘隊等陣頭。

由於聖廟無極總宮的主神為瑤池金母，社員以女性為主。因此，聖廟無極總宮陣頭以較為柔性的涼傘隊、道傘隊、神駕團，或不需負擔太大重量的僮仔為主。

如此的陣形組合，反倒成為聖廟無極總宮有別其他社頭的特色：以女性成員手持七彩八卦道傘組成的道傘隊，讓陽剛的遶境活動增添女性柔美氣息與繽紛色彩。此外，手中轉動的道傘也象徵著「轉吉祥，去厄運」的宗教意義，賜福給每位參與遶境活動的群眾；以學童為主要成員所扛弄的三太子，以及濟公、土地公僮仔，學童年紀雖小卻架式十足，令人眼睛為之一亮。

聖廟無極總宮最具特色的是，社員以宮廟祭祀神祇為對象，以角色扮演方式組成的「神駕團」，營造關聖帝君、玄天上帝、濟公、中壇元帥、地母娘娘、驪山老母、九天道母、媽祖、觀世音等諸天神祇共同參與六廿四遶境的盛況，為聖廟無極總宮特有之陣頭。[84]

復興社頭

百吉聚賢慈惠堂

　　百吉聚賢慈惠堂成立於民國70年（1981），由李賢生、李師聖、李廖婦、李勤山、葉雲妹等人創辦，是以廟宇為名參加普濟堂關聖帝君聖誕遶境的社頭。

　　百吉聚賢慈惠堂主祀瑤池金母，本堂位於花蓮吉安鄉慈惠堂。民國75年（1986）堂內另外奉祀五路財神；民國82年（1993）加奉福德正神；民國100年（2011）另起建文曲魁星廟，是復興里百吉一帶新興的信仰中心。[85]

百吉聚賢慈惠堂供奉的主神──瑤池金母（張沂鈞拍攝）。

百吉聚賢慈惠堂成立初期，為了每年農曆一月底往聖地慈惠堂總堂的東巡，以及農曆九月、十月往南投地母廟的南巡出陣，由堂主李賢生號召信徒組織、訓練花式大鼓隊出陣。最初曾請花鼓老師教習，如今則由社員互相傳習。

民國73年（1984），由於堂主李賢生與慶義社社長私交甚篤，受邀加入大溪關聖帝君遶境盛會。因此，百吉聚賢慈惠堂一開始是加入慶安社隊伍，以慶安社名義遶境。民國85年（1996）才獨立出來，正式以百吉聚賢慈惠堂名義遶境。

百吉聚賢慈惠堂遶境的陣形中，除初期成立的花式大鼓陣，熱鬧喧囂引人注目，專屬百吉聚賢慈惠堂信仰特色的陣頭，也讓其在遶境行列中極富鑑別度。

由於百吉聚賢慈惠堂主神為瑤池金母，以青鳥為瑤池金母使者之故，所有社員出陣時皆穿著青色衣褲。陣形中的神將──南天將（孫悟空）、北天將（楊戩），據傳是奉瑤池金母懿旨，為其左右護法神將，為百吉聚賢慈惠堂特有將軍陣頭。

另外，每年普濟堂關聖帝君聖誕遶境時，百吉聚賢慈惠堂會將宮廟的三大神尊──瑤池金母、財神、關聖帝君（仿普濟堂青銅帝君）迎出。聖像神聖莊嚴，信徒前呼後擁，增添遶境熱鬧氣氛。[86]

百吉聚賢慈惠堂遶境入街（引用自大溪大禧）。

溪州社頭

1.溪州忠義堂

溪洲忠義堂是以廟宇為名，參加普濟堂關聖帝君聖誕遶境的社頭。溪洲忠義堂廟宇於民國76年（1987）落成安座，主祀神祇為關聖帝君。

民國73年（1984），冥冥之中彷彿受到神明的指引，忠義堂老堂主邱阿賜在溪洲抽沙時無意中發現關聖帝君神尊。邱阿賜本欲將神尊安置於附近的廟宇，但更換過諸多廟宇，請示神尊皆無結果。後來邱阿賜到百吉聚賢慈惠堂問事後，才知道神尊指定跟隨邱阿賜。邱阿賜設壇供奉後，信徒日增，於民國75年（1986）集資籌建忠義堂，並於翌年落成安座。

由於忠義堂主祀神祇亦為關聖帝君，民國84年（1995）即跟隨協義社遶境。最初遶境形式非常簡單，只是由信徒將關聖帝君神尊抱在胸前，徒步遶境。民國85年（1996）組裝關平太子與周倉將軍這兩尊神將後，翌年（1997）才正式以溪州忠義堂名義參與遶境儀式。

溪洲忠義堂參與遶境陣頭的神將，與其他社頭有極大的不同。除了關平太子與周倉將軍，其餘皆以「角色扮演」的方式，利用服裝、飾品、道具及化妝搭配等，扮演如千里眼、順風耳等護法神將，為大溪社頭所僅見。

此外，民國105年（2016）忠義堂遶境陣頭中加入了船型藝閣——「忠義號」。「忠義號」藝閣上放置端坐關聖帝君神尊的武轎，彷彿述說著忠義堂供俸

忠義堂「角色扮演」的千里眼、順風耳（徐枝堂提供）。

的關聖帝君神尊，隨先民渡海來臺的那一段故事。這艘「忠義號」是大溪關聖帝
君聖誕遶境的焦點之一，也成為忠義堂的代表性陣頭。[87]

2.溪州福山巖（福山社）

　　溪州福山巖（福山社）為溪州福山巖清水祖師廟所屬之社頭。溪州福山巖前
身為在地義和里的技藝社團──義和團。

　　日治時期，義和里糾集地方子弟組成義和團，練習獅陣、北管。[88]然而民國50年代，社團因社員凋零、人口外移，逐漸解散。民國70年代，呂傳亮等地方仕紳為找回地方文化，陸續尋回社員，並糾集地方人士，重新練習北管（福祿派）。民國83年（1994），以福山巖清水祖師廟為活動中心，延請聚落內熟悉曲牌的老社員教導成員北管樂，成立福山社。

　　社頭成立後，由福山巖祖師廟購置北管樂器，並出資延聘謝新丁、廖金昌教授北管。故福山社成為福山巖清水祖師廟所屬的北管社頭，除滿足溪洲當地居民婚喪喜慶需求，遇廟方有辦理慶典、進香、接駕需求時，福山社當然也是義務支援。

　　福山社目前社員人數超過一百五十人，社員以福山巖清水祖師廟信徒為主。福山社不收社費，其主要經費來源有二：一為福山巖清水祖師廟補助，二為福山社各組（神轎、旗士、大鼓、八音、將軍）出陣時自行賺取的經費。

忠義堂遶境陣頭中的船型藝閣——「忠義號」（徐枝堂提供）。

福山社特有的玄、武二將軍（陳志昌拍攝）。

福山社義和團時代出陣使用的武術獅頭（蒲姿璇拍攝）。

民國92年（2003），福山社在大有社的邀請下，依附其隊伍參加遶境。民國95年（2006），福山社獲得普濟堂同意，正式以溪州福山巖名義參與遶境。[89]但由於福山社與大有社兩社關係密切，且成員重疊，因此兩社於普濟堂關聖帝君聖誕遶境中，分別於農曆6月23日與6月24日遶境，以便相互支援照應遶境事宜。

北管為福山社草創時期就已成立的陣頭，福山社為大溪地區少數仍保有自己北管陣頭的社頭。迄今北管組仍每週自主性練習，為福山社出陣的特色陣頭之一。此外，福山社以福山巖祭祀眾神駕前護法組成的「護法將軍」陣頭，極能顯示福山巖的信仰特色。

福山社的將軍陣形中有：清水祖師護法黃、李、張、蘇四將軍，天上聖母之千里眼、順風耳，以及玄天上帝的玄、武二將。其中玄、武二將軍更是福山社僅有之神將。福山社護法將軍出陣，腳踏獨特步伐配合著事先編練的陣形，在普濟堂關聖帝君遶境隊伍中，別具一格。[90]

注釋／

chapter 01

一、善堂濟世

1. 臺灣總督府，《臺灣總督府公文類纂》冊號9141，文號1，1901年1月1日。

2. 臺灣鸞堂常見的「三恩主」信仰主神為關聖帝君、孚佑帝君、司命帝君，大陸地區則以文昌帝君取代司命帝君。李世偉，《日據時代臺灣儒教與結社活動》（臺北：文津書局，1999年），頁149-154。

3. 由於扶鸞戒菸方法使許多人戒菸成功，明治34年（1901）扶鸞戒菸達到了最高峰，導致臺灣總督府的鴉片專賣收入銳減。王世慶，〈日據初期臺灣之降筆會與戒菸運動〉，《臺灣文獻》，第37卷第4期（1986.12），頁447-462。

4. 呂傳命所撰〈大溪鎮普濟堂沿革誌〉收錄於的《普濟堂慶成建醮紀念特刊》（桃園：京杭出版社，1966年），為目前普濟堂廟方成書最早、記載有關普濟堂沿革最早的書籍。

5. 呂傳命，〈大溪鎮普濟堂沿革誌〉，《普濟堂慶成建醮紀念特刊》，頁2-3。

6. 陳建宏，〈公廟與地方社會：以大溪鎮普濟堂為例（1902-2001）〉，桃園：國立中央大學歷史研究所碩士論文，2004年6月，頁88-89。

7. 藍植銓，〈廿世紀普濟堂歷史初探1902-2000〉，收錄於黃淑芬編，《神恩·豆香·木器馨》（桃園：大溪鎮歷史街坊再造協會，2001年），頁16-17。

8. 陳志昌，「黃金原口述訪問」，2022年2月20日，地點：桃園市大溪區復興路自宅。

9. 王見川，〈清末日據初期臺灣的鸞堂〉，《臺北文獻》（直字），第112期（1995.6），頁63-64。

10. 楊世傑，〈新地方宮廟崛起策略之歷史研究：以大溪普濟堂為例〉，嘉義：國立嘉義大學應用歷史學系碩士論文，2018年7月，頁24-25。

11. 溫欣琳，《迎六月廿四：大溪社頭百年特展展覽專輯》（桃園：桃園市立木藝生態博物館，2019年），頁6。

12. 呂傳命，〈大溪鎮普濟堂沿革誌〉，《普濟堂慶成建醮紀念特刊》，頁2。

13. 劉敬叔，《異苑》，卷五，收錄於《叢書集成新編》第八十二冊（臺北：新文豐，1985年），頁529。

14. 李世偉，《日據時代臺灣儒教與結社活動》，頁142-144。

15. 陳建宏，〈公廟與地方社會：以大溪鎮普濟堂為例（1902-2001）〉，頁103。

16. 江有源家族原籍漳州府平和縣，乾隆55年（1790）渡海來臺，開臺祖為江士香、江士根，定居於大溪河西浦頂仁和宮廟前一帶。江應溫提供，〈江仕香公渡臺及子孫系統概況〉，轉引自陳建宏，〈公廟與地方社會：以大溪鎮普濟堂為例（1902-2001）〉，頁90。

17. 臨時臺灣舊慣調查會編，《臺灣私法附錄參考書》，第一卷上（臺北：南天出版社，1995年二刷），頁553-554。

18. 陳建宏，〈公廟與地方社會：以大溪鎮普濟堂為例（1902-2001）〉，頁113-114。

19. 崑岡等奉敕撰，《欽定大清會典事例》，卷269，光緒25年（1900）刻本（臺北：鼎文書局，1977年），頁8656-8657。

20. 臨時臺灣舊慣調查會編，《臺灣私法附錄參考書》，第一卷上，頁390。

21. 杵淵義房，《臺灣社會事業史》，德友會發行，1940年復刻版（臺北：南天書局，1991年），頁287-290。

22. 崁川義渡位置應位於普濟堂下方的大漢溪畔，旁曾立有「崁川義渡石碑」記載義渡相關事宜，然而今日此石碑已不見蹤影。

23. 臨時臺灣舊慣調查會編，《臺灣私法》，第一卷下，1911年東京初版（臺北：南天出版社，1995年二刷），頁390。

24. 新竹州，《新竹州下の社會事業概況》（新竹州：新竹州內務部，1925年），頁13；臺灣總督府文教局編，《臺灣社會事業要覽》，臺北：臺灣總督府，1926年，頁77、1931年，頁113；新竹州，《新竹州社會事業要覽》（新竹：新竹州，1939年），頁47。

25. 呂傳命，〈大溪鎮普濟堂沿革誌〉，《普濟堂慶成建醮紀念特刊》，頁2。

26. 陳兆南，〈宣講與唱本研究〉，臺北：中國文化大學中文研究所博士論文，1992年，頁1。

27. 戴寶村，〈聖諭教條與清代社會〉，《師大歷史學報》，第13期（1985.6），頁303-308。

28. 王爾敏，〈清廷《聖諭廣訓》之頒行及民間之宣講拾遺〉，《中央研究院近代史研究所集刊》，第22期（下）（1993.6），頁260。

29. 李世偉，《日據時代臺灣儒教與結社活動》，頁189。

30. 《臺灣日日新報》，明治35年（1902）7月3日。

31. 中央研究院民族學研究所藏，〈普濟堂〉，《桃園縣大溪鎮寺廟臺帳》，出版資料不詳，無頁碼。

32. 陳建宏，〈公廟與地方社會：以大溪鎮普濟堂為例（1902-2001）〉，頁107。

33. 中央研究院民族學研究所藏，《桃園縣大溪鎮寺廟臺帳》，〈普濟堂〉，出版資料不詳，無頁碼。

34. 〈廟宇新構〉，《臺灣日日新報》，1908年11月9日。

35. 中央研究院民族學研究所藏，〈普濟堂〉，《桃園縣大溪鎮寺廟臺帳》，出版資料不詳，無頁碼。

36. 陳建宏，〈簡瑞仁訪問記錄〉。轉引自陳建宏，〈公廟與地方社會：以大溪鎮普濟堂為例（1902-2001）〉，頁34。

37. 大溪戶政事務所提供，〈新竹州大溪郡大溪街大溪字草店尾104番號〉，《日治時期戶口調查簿》，冊號18，頁92。

38. 中央研究院民族學研究所藏，〈普濟堂〉，《桃園縣大溪鎮寺廟臺帳》，出版資料不詳，無頁碼。

39. 中央研究院民族學研究所藏，〈普濟堂〉，《桃園縣大溪鎮寺廟臺帳》，出版資料不詳，無頁碼。

40. 林美容，〈臺灣民間信仰的分類〉，收錄於氏著，《臺灣民間信仰研究書目》（臺北：中央研究院民族學研究所，1997年）；林美容，〈由祭祀圈到信仰圈：臺灣民間宗教的地域構成與發展〉，《中國海洋發展史論文集》第三輯（臺北：中央研究院社科所），頁100-106。

41. 臺灣總督府調查，《大溪郡寺廟臺帳》，臺北：中央研究院民俗學研究所藏，檔號：etr00002。

42. 黃師樵，〈臺灣名勝大溪墾拓的史話〉，《臺灣文獻》，第24卷第4期（1973.12），頁55。

43. 《臺灣日日新報》，1926年7月14日。

44. 《臺灣日日新報》，1936年7月17日。

45. 大溪街役場編，《新竹州街庄要覽輯存：大溪街街市一覽》（臺北：成文書局，1985年）。

46. 周婉窈，〈從比較的觀點看臺灣與韓國的皇民化運動（1937～1945）〉，《新史學》，第5卷第2期（1994.6），頁124。

47. 吳密察，《臺灣史小事典》（臺北：遠流出版社，2000年），頁229-267。

48. 陳玲蓉，《日據時期神道統治下的臺灣宗教政策》（臺北：自立晚報，1992年），頁229-267。

49. 《臺灣日日新報》，1938年5月18日。

50. 《臺灣日日新報》，1938年5月18日。

51. 福仁宮管理委員會編印，《大溪福仁宮沿革簡介》，2002年，頁9。

52. 《民聲日報》，1958年8月11日。

53. 〈臺灣省政府令（49）2.4府民一字第7935號〉，《林長春林姓金福昌資料》。轉引自李林進旺，〈字姓組織與地方社會：以大溪福仁宮為主之考察〉，花蓮：國立東華大學歷史學系碩士論文，2016年6月。

54. 〈大溪鎮改善民俗綱要〉、〈大溪鎮民改善民俗節約建立模範公約〉，《林長春林姓金福昌資料》。轉引自李林進旺，〈字姓組織與地方社會：以大溪福仁宮為主之考察〉。

55. 呂芳谷提供，〈未題名文件〉，1961。轉引自藍植銓，〈廿世紀普濟堂歷史初探1902-2000〉，收錄於黃淑芬編，《神恩‧豆香‧木器馨》，頁21。

56. 呂傳命，〈大溪鎮普濟堂沿革誌〉，《普濟堂慶成建醮紀念特刊》，頁2-3。

57. 呂芳谷提供，〈未題名文件〉，1961。轉引自藍植銓，〈廿世紀普濟堂歷史初探1902-2000〉，收錄於黃淑芬編，《神恩‧豆香‧木器馨》，頁21。

58. 福仁宮十姓輪值的十姓為：一李、二江、三林、四簡、五張廖、六黃、七呂、八王游、九陳、十雜姓。

59. 陳建宏，〈公廟與地方社會：以大溪鎮普濟堂為例（1902-2001）〉，頁156-159。

60. 謝國興編，《進香、醮、祭與社會文化變遷》，臺北：國立臺灣大學出版中心，2019年，頁75。

61. 陳志昌，「謝昌明口述訪問」，2021年10月22日，地點：桃園市大溪區普濟堂。普濟堂謝昌明主委提及，若以「卜爐主」的角度來看普濟堂的信仰圈，普濟堂的信仰區為今日的福仁、興和、田心、一心、一德、月眉等六里。

62. 《臺灣日日新報》，1919年7月23日。

63. 臺灣總督府調查，《大溪郡寺廟臺帳》，臺北：中央研究院民族學研究所藏，檔號：etr00002。

64. 《臺灣日日新報》，1935年7月17日。

65. 「簡新記」為家族公號。宗教活動是臺灣傳統社會重要活動，然而祭祀活動所費不貲。大溪地區諸多家族開墾、經商有成，對宗教活動相當熱心，或以個人名義，或以家族公號名義出資贊助祭祀活動。

66. 建醮的領導者為「四大柱」和「四執事」。所謂的「四大柱」即為主會、主醮、主壇、主普。主會是各壇的總監督，負責一切事務；主醮是監督道士，負責祭儀者；主壇則辦理醮壇之建設與拆除；主普是普渡的負責人，辦理普施賑濟。

67. 楊世傑，〈新地方宮廟崛起策略之歷史研究：以大溪普濟堂為例〉，頁36。

二、聖帝遶境

1. 林會承，〈澎湖社里的領域〉，《中央研究院民族學研究所集刊》，第87期（1999春），頁85-86。

2. 林美容，〈由祭祀圈來看草屯的地方組織〉，《中央研究院民族學研究所集刊》，第62期（1986年），頁59-61。

3. 中央研究院民族學研究所藏，〈普濟堂〉，《桃園縣大溪鎮寺廟臺帳》，出版資料不詳，無頁碼。

4. 陳建宏，〈簡瑞仁訪問紀錄〉。轉引自陳建宏，〈公廟與地方社會：以大溪鎮普濟堂為例（1902-2001）〉，頁189。

5. 黃淑芬編，《神恩·豆香·木器馨》，頁55。

6. 《臺灣日日新報》，1917年9月26日。

7. 《臺灣日日新報》，1914年11月2日。

8. 張朝博、黃瑞緣，〈簡瑞仁先生訪問紀錄〉，1998年9月18日。轉引自張朝博，〈1945年以前大溪舊街區聚落空間之構成與發展〉，桃園：中原大學建築學系碩士論文，附-69。

9. 《臺灣日日新報》，1916年8月11日、8月29日。

10. 《臺灣日日新報》，1916年7月14日。

11. 《臺灣日日新報》，1916年7月26日。

12. 《臺灣日日新報》，1918年7月27日。

13. 張朝博、黃瑞緣，〈簡瑞仁先生訪問紀錄〉，1998年9月18日。轉引自張朝博，〈1945年以前大溪舊街區聚落空間之構成與發展〉，附-69。

14. 同前注。

15. 楊世傑，〈新地方宮廟崛起策略之歷史研究：以大溪普濟堂為例〉，頁44。

16. 　《臺灣日日新報》，1917年8月6日。

17. 　陳志昌，「余銘揚口述訪問」，2021年11月6日，地點：大溪六廿四故事館。

18. 　《臺灣日日新報》，1919年7月23日。

19. 　《臺灣日日新報》，1920年8月11日。

20. 　徐亞湘，《大溪鎮參與廟宇慶典活動之社頭調查計畫報告書》（桃園：大嵙崁文化促進委員會，1995年6月），頁19。

21. 　中央研究院民族學研究所藏，〈普濟堂〉，《桃園縣大溪鎮寺廟臺帳》，出版資料不詳，無頁碼。

22. 　該制度確切出現的時間並不確定。目前是以樂安社保留現存最早的一面賞旗時間，以及《臺灣日日新報》出現遶境賞旗競賽報導時間，皆是於大正14年。推測最遲該年，普濟堂就已經推出賞旗制度。

23. 　溫欣琳，《迎六月廿四：大溪社頭百年特展展覽專輯》，頁12-13。

24. 　《臺灣日日新報》，1925年8月16日。

25. 　楊世傑，〈新地方宮廟崛起策略之歷史研究：以大溪普濟堂為例〉，頁46。

26. 　黃偉雯、陳建宏，〈簡瑞仁先生第一次訪問紀錄〉，2003年4月14日。轉引自陳建宏，〈公廟與地方社會：以大溪鎮普濟堂為例（1902-2001）〉，頁189。

27. 　《臺灣日日新報》，1919年7月23日。

28. 　據溪州福山巖呂傳亮表示，起初當地居民只是沿途提供茶水、點心慰勞遶境隊伍，後來地方人士興起了自組社頭參加遶境的念頭。陳志昌，「呂傳亮口述訪問」，2021年12月24日，地點：溪州福山巖清水祖師廟。

29. 　《民聲日報》，1958年8月11日。

30. 　陳建宏，〈公廟與地方社會：以大溪鎮普濟堂為例（1902-2001）〉，頁194。

31. 　陳志昌，「張書武口述訪問」，2022年2月12日，地點：大溪嘉天宮。

32. 　陳志昌，「鍾華登口述訪問」，2022年2月18日，地點：大溪古公三王宮；陳志昌，「游全得口述訪問」，2022年2月11日，地點：大溪皇天宮；陳志昌，「羅明春口述訪問」，2021年11月12日，地點：大溪聖廟無極總宮。

33. 　陳志昌，「許黃海口述訪問」，2022年1月7日，地點：路易莎咖啡大溪慈湖店。

34. 　陳秀蓉，〈戰後臺灣寺廟管理政策之變遷（1945-1995）〉，臺北：臺灣師範大學歷史研究所碩士論文，1998年，頁61-64。

35. 　陳志昌，「謝昌明口述訪問」，2021年10月22日。

36. 　呂芳瀅，《蔣總統經國先生寵贈普濟堂關聖帝君神像碑誌》，1980年7月。

37. 　同前注。

38. 　《中央日報》，1979年7月17日。

39. 　早期普濟堂遶境出巡，主神轎內迎請的是普濟堂關聖帝君金尊與三聖恩主神座。民國68年（1979）蔣經國贈予普濟堂青銅聖像後，普濟堂改以青銅聖像做為遶境出巡的主神。不過，自民國89年（2000）起，青銅聖像不再出巡，留在普濟堂內鎮殿，遶境隊伍中主神轎端坐的是同人社關聖帝君金尊。

40. 　陳志昌，「李旺燈口述訪問」，2021年11月12日，地點：大溪百吉聚賢慈惠堂。

41. 　《自由時報》，2013年5月29日。

42. 　《臺灣導報》，2013年5月6日。

43. 　《中國時報》，2013年5月29日。

44. 　《臺灣導報》，2013年6月11日。

45. 　《大紀元新聞網》，2013年7月26日。網址：https://www.epochtimes.com/b5/13/7/26/n3926353.htm，2022年4月24日查閱。

46. 　陳志昌，「江智誠口述訪問」，2021年10月30日，地點：大溪六廿四故事館。

47. 　當時參加「社團聯誼會」的社團分別是：興安社、同人社、協義社、共義團、樂安社、慶義社、慶安社、仁安社、新勝社、振興社、鎮豐社、農作團、農友團、大有社、福安

社、同義社、永安社、聯合西樂社、聯聲西樂社、佛教會、樂嗣社、老人會、聖母會等大溪本地社團。《中國時報》，1987年6月20日。

48. 陳志昌，「江智誠口述訪問」，2021年10月30日，地點：大溪六廿四故事館。

49. 桃園市大溪區社團民俗技藝協會，《社頭文化學堂講義》（桃園：桃園市大溪區社團民俗技藝協會，2021年），頁2-3。

50. 據筆者於2021年10月至2022年3月期間，於大溪地區進行田野調查的結果顯示，目前仍有31個社頭參與普濟堂的六廿四遶境。

51. 陳志昌，「沈振達口述訪問」，2021年10月30日，地點：大有社倉庫。

52. 陳志昌，「江智誠口述訪問」，2021年10月30日，地點：大溪六廿四故事館。

53. 陳志昌，「沈振達口述訪問」，2021年10月30日，地點：大有社倉庫。

54. 陳建宏，〈公廟與地方社會：以大溪鎮普濟堂為例（1902-2001）〉，頁194。

55. 溫欣琳，《迎六月廿四：大溪社頭百年特展展覽專輯》，頁12-13。

56. 黃文博，〈臺灣民間的宗教陣頭〉，《南瀛文獻》，第35期（1990.6），頁36。

57. 陳志昌，「余正明口述訪問」，2021年11月6日，地點：大溪六廿四故事館。

58. 陳志昌，「張書武口述訪問」，2022年2月12日，地點：大溪嘉天宮。

59. 溫欣琳，《迎六月廿四：大溪社頭百年特展展覽專輯》，頁12-41。

60. 陳志昌，「余銘揚口述訪問」，2021年11月6日，地點：大溪六廿四故事館。

61. 黃文博，〈臺灣民間的宗教陣頭〉，頁31。

62. 陳志昌，「余銘揚口述訪問」，2021年11月6日，地點：大溪六廿四故事館。

63. 黃文博，〈臺灣民間的宗教陣頭〉，頁26-28。

64. 黃文博，〈臺灣民間的趣味陣頭〉，《臺灣風物》，第40卷第3期（1990.9），頁113。

65. 陳志昌，「張書武口述訪問」，2022年2月12日，地點：大溪嘉天宮。

66.　陳緯華，〈靈力經濟：一個分析民間信仰活動的新視角〉，《臺灣社會研究季刊》，第69期（2008.3），頁57-105。

三、社頭助陣

1.　杜雨蒨，〈廟會與社團的社會網絡建構之研究：以大溪普濟堂與社頭為例〉，新竹：國立新竹教育大學區域人文社會學系碩士論文，2006年，頁5。楊世傑，〈新地方宮廟崛起策略之歷史研究：以大溪普濟堂為例〉，頁46。

2.　陳志昌，「余正明口述訪問」，2021年11月6日，地點：大溪六廿四故事館。

3.　徐亞湘，《大溪鎮參與廟宇慶典活動之社頭調查計畫報告書》。

4.　樂安社成立時間是依據該社保存的一張昭和6年（1931）慶祝成立十六週年紀念券，推算該社成立時間應該為大正4年（1915）。該券上有「小兒用一枚一人限」字樣，應該是遶境時發給幫忙樂安社兒童兌換禮物的票券。據樂安社現任社長趙明輝表示，目前資料上雖顯示樂安社是大溪最早成立的社頭，但同人社、共義團成立的時間應該比樂安社早，只是這兩社並沒有找到明確記載或證據來說明成立時間。

5.　陳志昌，「趙明輝、林丕汴口述訪問」，2022年3月18日，地點：桃園市蘆竹區富竹里自宅。

6.　徐亞湘，《大溪鎮參與廟宇慶典活動之社頭調查計畫報告書》，頁76。

7.　根據趙明輝社長表示，樂安社現今的關興、張苞為四十餘年前重新刻製，日治時期的那兩尊原始神將，一尊只剩頭部，另一尊已送給其他社團。

8.　目前同人社是以捐贈神轎時間做為社頭成立時間。神轎須集資、製作，因此推估成立時間可能更早，約與樂安社成立時間相當。陳志昌，「余銘揚口述訪問」，2021年11月6日，地點：大溪六廿四故事館。

9.　張朝博，〈1945年以前大溪舊街區聚落空間之構成與發展〉，附69。

10.　徐亞湘，《大溪鎮參與廟宇慶典活動之社頭調查計畫報告書》，頁18。

11.　余銘揚，〈大溪同人社創社壹百年〉，桃園：大溪同人社，2017年6月，未編頁碼。

12.　陳志昌，「余銘揚口述訪問」，2021年11月6日，地點：大溪六廿四故事館。

13.　徐亞湘，《大溪鎮參與廟宇慶典活動之社頭調查計畫報告書》，頁93-94。

14.　楊世傑，〈新地方宮廟崛起策略之歷史研究：以大溪普濟堂為例〉，頁60。

15.　陳志昌，「余正明口述訪問」，2021年11月6日，地點：大溪六廿四故事館。

16.　「寮仔班」指的是山地伐木工人，「平面仔」則是指在大溪街頭經營傢俱、木器店面者。

17.　陳志昌，「黃金原口述訪問」，2022年2月20日，地點：桃園市大溪區復興路自宅。

18.　桃園市大溪區社團民俗技藝協會，《社頭文化學堂講義》，頁4。

19.　普濟堂第三、四任主任委員、協義社前社長黃金原曾聽大溪耆老傳述，大有社創社仕紳、富商原本為同人社社員，因與同人社礦工為主的成員產生矛盾，故而另組大有社。陳志昌，「黃金原口述訪問」，2022年2月20日，地點：桃園市大溪區復興路自宅。

20.　徐亞湘，《大溪鎮參與廟宇慶典活動之社頭調查計畫報告書》，頁11。

21.　〈新竹特訊：城隍遶境盛況〉，《臺南新報》，1925年9月10日；〈竹邑城隍，遶境先聲〉，《臺灣日日新報》，1926年8月4日。

22.　陳志昌，「沈振達口述訪問」，2021年10月30日，地點：大有社倉庫。

23.　陳志昌，「江智誠口述訪問」，2021年10月30日，地點：大溪六廿四故事館。

24.　桃園市大溪區社團民俗技藝協會，《社頭文化學堂講義》，頁13。

25.　陳志昌，「楊勝章口述訪問」，2022年1月21日，地點：桃園市大溪區南興路自宅。

26.　徐亞湘，《大溪鎮參與廟宇慶典活動之社頭調查計畫報告書》，頁84。

27.　桃園市大溪區社團民俗技藝協會，《社頭文化學堂講義》，頁12。

28.　徐亞湘，《大溪鎮參與廟宇慶典活動之社頭調查計畫報告書》，頁81。

29. 陳志昌，「廖朝舟、邱文俊、簡勝輝口述訪問」，2022年2月13日，地點：慶安社社館。

30. 桃園市大溪區社團民俗技藝協會，《社頭文化學堂講義》，頁16。

31. 陳志昌，「張逢銘口述訪問」，2022年2月18日，地點：桃園市大溪區員林路（公司）。

32. 徐亞湘，《大溪鎮參與廟宇慶典活動之社頭調查計畫報告書》，頁65。

33. 修葺增建後的天后宮並無專人負責打理，故每年由聖母會支付管理費予福仁宮，請福仁宮代為管理。陳志昌，「張慶全口述訪問」，2022年1月20日，地點：桃園市大溪區勝利街自宅。

34. 桃園市大溪區社團民俗技藝協會，《社頭文化學堂講義》，頁14。

35. 初期老人會入會標準為年滿六十歲，現已改為六十五歲。陳志昌，「陳阿拋、陳東秋口述訪問」，2022年2月13日，地點：桃園市大溪區大鶯路自宅。

36. 徐亞湘，《大溪鎮參與廟宇慶典活動之社頭調查計畫報告書》，頁21。

37. 竹筒炮的製作原理是：在竹筒中置入電土後加水，讓竹筒中產生易燃的氣體。接著點火引爆竹筒中的氣體，產生爆炸聲。據傳竹筒炮最原始的用途是阿美族祖先嚇阻山豬、鳥類盜取農作物的工具。另一種說法是，清廷為征服原住民，出兵攻打臺東縣的電光部落。部落青年利用刺竹筒發明竹筒炮。竹筒炮可產生巨響，雖不具殺傷力，但可透過虛張聲勢嚇退清兵。

38. 鎮豐社的發起人，也就是最初的十二名社員，分別是呂秉鈞、李文典、吳啟龍、徐文德、許木源、李偉民、呂學良及張育琛等人。桃園市大溪區社團民俗技藝協會，《社頭文化學堂講義》，頁17。

39. 徐亞湘，《大溪鎮參與廟宇慶典活動之社頭調查計畫報告書》，頁108。

40. 陳志昌，「洪順福口述訪問」，2022年1月7日，地點：桃園市大溪區中央路自宅。

41. 桃園市大溪區社團民俗技藝協會，《社頭文化學堂講義》，頁15。

42. 陳志昌，「李後寬口述訪問」，2021年12月17日，地點：大溪普濟堂。

43. 桃園市大溪區社團民俗技藝協會，《社頭文化學堂講義》，頁18。

44. 陳志昌，「許黃海口述訪問」，2022年1月7日，地點：路易莎咖啡大溪慈湖店。

45. 陳志昌，「謝宏明、林怡杰、曾慶麟口述訪問」，2022年1月21日，地點：大溪三層福安宮。

46. 徐亞湘，《大溪鎮參與廟宇慶典活動之社頭調查計畫報告書》，頁69。

47. 陳志昌，「謝宏明、林怡杰、曾慶麟口述訪問」，2022年1月21日，地點：大溪三層福安宮。

48. 黃淑芬，《神恩‧豆香‧木器馨》，頁59。

49. 陳志昌，「謝宏明、林怡杰、曾慶麟口述訪問」，2022年1月21日，地點：大溪三層福安宮。

50. 徐亞湘，《大溪鎮參與廟宇慶典活動之社頭調查計畫報告書》，頁74。

51. 新勝社、福安社、樂豳社同屬三層福安宮，三社的主神分別是供奉於福安宮正殿的媽祖、五穀先帝及關聖帝君，三社的社館、倉庫也都位於福安宮後，可說是兄弟社。陳志昌，「游建霖口述訪問」，2022年1月20日，地點：三層福安宮。

52. 桃園市大溪區社團民俗技藝協會，《社頭文化學堂講義》，頁27。

53. 徐亞湘，《大溪鎮參與廟宇慶典活動之社頭調查計畫報告書》，頁87。

54. 陳志昌，「賴銘偉口述訪問」，2021年12月4日，地點：樂豳社社館。

55. 徐亞湘，《大溪鎮參與廟宇慶典活動之社頭調查計畫報告書》，頁25-26。

56. 陳志昌，「簡邦傑口述訪問」，2022年1月22日，地點：永安社曲館。

57. 陳志昌，「丁玉淑、朱明川口述訪問」，2021年12月17日，地點：同義社社館。

58. 桃園市大溪區社團民俗技藝協會，《社頭文化學堂講義》，頁34。

59. 徐亞湘，《大溪鎮參與廟宇慶典活動之社頭調查計畫報告書》，頁29。

60. 《一本大溪》，第30期，2021年12月，頁5。

61. 共義團成立時間並不確定，本書以《臺灣日日新報》於大正10年3月3日的〈大溪社頭招宴〉報導中，已提及大溪眾社頭有同人社、協義社、慶安社、慶義社、同樂軒、臥龍社等。可見共義團至少在大正10年就已經成立。

62. 徐亞湘，《大溪鎮參與廟宇慶典活動之社頭調查計畫報告書》，頁35。

63. 共義團十四尊將軍包含關平、周倉、王甫、廖化、孔明、財神、四海龍王，以及千里眼與順風耳兩對。

64. 陳志昌，「呂建德口述訪問」，2021年11月6日，地點：共義團倉庫。

65. 徐亞湘，《大溪鎮參與廟宇慶典活動之社頭調查計畫報告書》，頁14。

66. 陳志昌，「許孟正、許源吉口述訪問」，2022年2月12日，地點：桃園市大溪區康莊路自宅。

67. 陳志昌，「簡瑞雄口述訪問」，2022年1月22日，地點：大溪金鴻慈惠堂。

68. 農作團成立時間並無明確文獻紀錄。本書以昭和10年7月17日《臺灣日日新報》的〈大溪普濟堂　祭典先聲〉報導中，所提及參與迎神於遶境的團體中有「月眉團」。然而日治時期，月眉地區只有農作團，推測「月眉團」應是農作團。故農作團成立時間，應早於昭和8年。

69. 徐亞湘，《大溪鎮參與廟宇慶典活動之社頭調查計畫報告書》，頁67。

70. 陳志昌，「呂理民口述訪問」，2022年2月11日，地點：桃園市大溪區大漢街自宅。

71. 大溪農作團委員會，《大溪農作團沿革誌》（桃園：大溪農作團，2019年12月），頁16。

72. 徐亞湘，《大溪鎮參與廟宇慶典活動之社頭調查計畫報告書》，頁63。

73. 陳志昌，「江衍嚴、江支煌、江慶桓口述訪問」，2022年2月11日，地點：農友團社館。

74. 桃園市大溪區社團民俗技藝協會，《社頭文化學堂講義》，頁10。

75. 《民生報》，2002年1月11日。

76. 陳志昌，「黃智宏口述訪問」，2022年1月21日，地點：永珍香餅店。

77. 嘉天宮的前身是民國73年（1984）左右，由黃明能（老宮主）發起，至三重大嘉天宮迎回天上聖母分靈神尊所組成的「義子義女會」，會員約25～30人。神尊原本由義子、義女輪流供奉於家中，但因信徒作息不同，祭拜不便，由黃明能提供地點供奉，並於民國78年（1989）成立嘉天宮。

78. 關於大溪遶境，有一與龍陣相關的傳說：「每次關聖帝君聖誕，遶境隊伍中最多只會有九條龍。」一般說法是關聖帝君為九五至尊，有九龍護體。另一種說法則是從人力移動去做解釋：「會舞龍的就只有這些人，這個社頭多了舞龍的陣頭，人手應該是從其他社頭調動過來，如此加加減減，出陣的龍陣數目不會超過九尾龍。」陳志昌，「張書武口述訪問」，2022年2月12日，地點：大溪嘉天宮。

79. 陳志昌，「鍾華登口述訪問」，2022年2月18日，地點：大溪古公三王宮。

80. 皇天宮住持游全得原從事神桌雕刻行業，但每每雕刻作品後便感到身體強烈不適。經請示神明後，神明諭示要其修道、靜修。游全得家中原供奉三尊神祇——媽祖、關聖帝君、觀音，請示神明後，跟隨媽祖修行。民國82年（1993），媽祖首次降乩其身辦事，此後除了媽祖，關聖帝君、觀音、三太子等諸神明亦相繼降乩。於是，以此信仰族群為中心，逐漸形成皇天宮。

81. 根據游全得的說法，他原本擬以皇天宮宮名申請為社頭名稱，但被社團民俗技藝協會以「不能以宮廟名做為社頭名稱」拒絕。游全得為此感到憤憤不平，他認為許多社頭都是以宮名參加，最後只得以宮內祭祀神明「玄元太子」做為社名。今日，社團民俗技藝協會總幹事江智誠雖同意更改社名，但社長以玄元社已經略有名氣，不願修改。

82. 據游全得表示，會請髮型設計師幫三太子僮仔設計髮型，是一段頗為玄奇的故事。每次遶境前，玄元太子（紅臉的僮仔）便會託夢，請其相中的髮型設計師幫其修剪、設計髮型。

83. 陳志昌，「游全得口述訪問」，2022年2月11日，地點：大溪皇天宮。

84. 陳志昌，「羅明春口述訪問」，2021年11月12日，地點：大溪聖廟無極總宮。

85. 桃園市大溪區社團民俗技藝協會，《社頭文化學堂講義》，頁24。

86. 陳志昌，「李旺燈口述訪問」，2021年11月12日，地點：大溪百吉聚賢慈惠堂。

87. 陳志昌，「徐枝堂口述訪問」，2021年12月24日，地點：大溪忠義堂。

88. 當時獅陣為義和團特色，福山巖文物館留有當年舞弄獅子，屬武術獅。

89. 桃園市大溪區社團民俗技藝協會，《社頭文化學堂講義》，頁20。

90. 陳志昌，「呂傳亮口述訪問」，2021年12月24日，地點：溪州福山巖清水祖師廟。

參考書目／

一、史料　　〈新竹州大溪郡大溪街大溪字草店尾 104 番號〉，《日治時期戶口調查簿》，冊號 18。

〈臺灣省政府令（49）2.4 府民一字第 7935 號〉，《林長春林姓金福昌資料》。

中央研究院民族學研究所藏，《桃園縣大溪鎮寺廟臺帳》，〈普濟堂〉，出版資料不詳。

呂芳澧，《蔣總統經國先生逕贈普濟堂關聖帝君神像碑誌》，1980 年 7 月。

徐亞湘，《大溪鎮參與廟宇慶典活動之社頭調查計畫報告書》，桃園：大嵙崁文化促進委員會，1995 年。

崑岡等著，《欽定大清會典事例》，卷 269，光緒 25 年（1900）刻本。臺北：鼎文書局，1977 年。

新竹州，《新竹州下の社會事業概況》，新竹州：新竹州內務部，1925 年。新竹州，《新竹州社會事業要覽》，新竹：新竹州，1939 年。

臺灣總督府，《臺灣總督府公文類纂》冊號 9141，文號 1，1901 年 1 月 1 日。

臺灣總督府文教局編，《臺灣社會事業要覽》，臺北：臺灣總督府，1926 年。臺灣總督府文教局編，《臺灣社會事業要覽》，臺北：臺灣總督府，1931 年。臺灣總督府調查，《大溪郡寺廟臺帳》，臺北：中央研究院民俗學研究所藏，檔號：etr00002。

二、專書　　《臺灣私法》，第一卷下，東京初版，臺北：南天出版社，1995 年。

《臺灣私法附錄參考書》，第一卷上，東京初版，臺北：南天出版社，1995 年。

《叢書集成新編》，第八十二冊，臺北：新文豐出版公司，1985 年。

大溪普濟堂，《普濟堂慶成建醮紀念特刊》，桃園：京杭出版社，1966 年。

大溪街役場編，《新竹州街庄要覽輯存：大溪街街市一覽》，臺北：成文書局，1985 年。

大溪農作團委員會，《大溪農作團沿革誌》，桃園：大溪農作團，2019 年。吳密察，《臺灣史小事典》，臺北：遠流出版社，2000 年。

李世偉，《日據時代臺灣儒教與結社活動》，臺北：文津書局，1999 年。杵淵義房，《臺灣社會事業史》，德友會發行，臺北：南天書局，1991 年。

二、專書　林美容，《臺灣民間信仰研究書目》，臺北：中央研究院民族學研究所，1997 年。

陳玲蓉，《日據時期神道統治下的臺灣宗教政策》，臺北：自立晚報，1992 年。

黃淑芬，《神恩‧豆香‧木器馨》，桃園：大溪鎮歷史街坊再造協會，2001 年。

溫欣琳，《迎六月廿四：大溪社頭百年特展展覽專輯》，桃園：桃園市立大溪木藝生態博物館，2019 年。

謝國興，《進香、醮、祭與社會文化變遷》，臺北：國立臺灣大學出版中心，2019 年。

三、期刊論文　王世慶，〈日據初期臺灣之降筆會與戒菸運動〉，《臺灣文獻》，第 37 卷第 4 期，1986 年 12 月，頁 111-152。

王見川，〈清末日據初期臺灣的鸞堂〉，《臺北文獻》（直字），第 112 期，1995 年 6 月，頁 49-83。

王爾敏（1993），〈清廷《聖諭廣訓》之頒行及民間之宣講拾遺〉，《中央研究院近代史研究所集刊》，第 22 期（下），1993 年 6 月，頁 255-279。

余銘揚，〈大溪同人社創社壹百年〉，桃園：大溪同人社，2017 年，未編頁碼。

周婉窈，〈從比較的觀點看臺灣與韓國的皇民化運動（1937～1945）〉，《新史學》，第 5 卷第 2 期，1994 年 6 月，頁 117-158。

林美容，〈由祭祀圈來看草屯鎮的地方組織〉，《中央研究院民族學研究所集刊》，第 62 期，1987 年 12 月，頁 53-114。

林會承，〈澎湖社里的領域〉，《中央研究院民族學研究所集刊》，第 87 期，1999 年春，頁 41-96。

桃園市立大溪木藝生態博物館，《一本大溪》，第 30 期，桃園：桃園市立大溪木藝生態博物館，2021 年 12 月。

陳緯華，〈靈力經濟：一個分析民間信仰活動的新視角〉，《臺灣社會研究季刊》，第 69 期，2008 年 3 月，頁 57-105。

黃文博，〈臺灣民間的宗教陣頭〉，《南瀛文獻》，第 35 期，1990 年 6 月，頁 19-38。

參考書目／

三、期刊論文　黃文博，〈臺灣民間的趣味陣頭〉，《臺灣風物》，第40卷第3期，1990年
　　　　　　　　9月，頁113-135。

　　　　　　　黃師樵，〈臺灣名勝大溪墾拓的史話〉，《臺灣文獻》，第24卷第4期，
　　　　　　　　1973年12月，頁39-60。

　　　　　　　戴寶村，〈聖諭教條與清代社會〉，《師大歷史學報》，第13期，1985年6
　　　　　　　　月，頁303-324。

四、學位論文　李林進旺，〈字姓組織與地方社會：以大溪福仁宮為主之考察〉，花蓮：
　　　　　　　　國立東華大學歷史學系碩士論文，2016年。

　　　　　　　杜雨蒨，〈廟會與社團的社會網絡建構之研究：以大溪普濟堂與社頭為
　　　　　　　　例〉，新竹：國立新竹教育大學區域人文社會學系碩士論文，
　　　　　　　　2006年。

　　　　　　　張朝博，〈1945年以前大溪舊街區聚落空間之構成與發展〉，中壢：中原
　　　　　　　　大學建築學系碩士論文，1999年。

　　　　　　　陳兆南，〈宣講與唱本研究〉，臺北：中國文化大學中文研究所博士論
　　　　　　　　文，1992年。

　　　　　　　陳秀蓉，〈戰後臺灣寺廟管理政策之變遷（1945-1995）〉，臺北：臺灣師
　　　　　　　　範大學歷史研究所碩士論文，1998年。

　　　　　　　陳建宏，〈公廟與地方社會：以大溪鎮普濟堂為例（1902-2001）〉，國立
　　　　　　　　中央大學歷史研究所碩士論文，2004年。

　　　　　　　楊世傑，〈新地方宮廟崛起策略之歷史研究—以大溪普濟堂為例〉，嘉
　　　　　　　　義：國立嘉義大學應用歷史學系碩士論文，2018年。

五、專書論文	林美容，〈由祭祀圈到信仰圈：臺灣民間宗教的地域構成與發展〉，張炎憲（主編），《中國海洋發展史論文集》第三輯，臺北：中央研究院，1989年，頁95-125。
六、報紙	《大紀元新聞網》／《中央日報》／《中國時報》／《民生報》／《民聲日報》／《自由時報》／《臺灣日日新報》／《臺灣導報》
七、口述訪問	陳志昌，「謝昌明口述訪問」，2021年10月22日，地點：桃園市大溪區普濟堂。
	陳志昌，「沈振達口述訪問」，2021年10月30日，地點：大有社倉庫。
	陳志昌，「江智誠口述訪問」，2021年10月30日，地點：大溪六廿四故事館。
	陳志昌，「余正明口述訪問」，2021年11月6日，地點：大溪六廿四故事館。
	陳志昌，「余銘揚口述訪問」，2021年11月6日，地點：大溪六廿四故事館。
	陳志昌，「呂建德口述訪問」，2021年11月6日，地點：共義團倉庫。
	陳志昌，「李旺燈口述訪問」，2021年11月12日，地點：百吉聚賢慈惠堂。
	陳志昌，「羅明春口述訪問」，2021年11月12日，地點：聖廟無極總宮。
	陳志昌，「賴銘偉口述訪問」，2021年12月4日，地點：樂豳社社館。
	陳志昌，「丁玉淑、朱明川口述訪問」，2021年12月17日，地點：同義社社館）。

參考書目／

七、口述訪問　　　陳志昌，「李後寬口述訪問」，2021年12月17日，地點：大溪普濟堂。

陳志昌，「徐枝堂口述訪問」，2021年12月24日，地點：大溪忠義堂。

陳志昌，「呂傳亮口述訪問」，2021年12月24日，地點：溪州福山巖清水
祖師廟。

陳志昌，「洪順福口述訪問」，2022年1月7日，地點：桃園市大溪區中央
路自宅。

陳志昌，「許黃海口述訪問」，2022年1月7日，地點：路易莎咖啡大溪慈
湖店。

陳志昌，「游建霖口述訪問」，2022年1月20日，地點：三層福安宮。

陳志昌，「張慶全口述訪問」，2022年1月20日，地點：桃園市大溪區勝利
街自宅。

陳志昌，「謝宏明、林怡杰、曾慶麟口述訪問」，2022年1月21日，地點：
大溪三層福安宮。

陳志昌，「楊勝章口述訪問」，2022年1月21日，地點：桃園市大溪區南興
路一段自宅。

陳志昌，「黃智宏口述訪問」，2022年1月21日，地點：永珍香餅店。

陳志昌，「簡邦傑口述訪問」，2022年1月22日，地點：永安社曲館。

陳志昌，「簡瑞雄口述訪問」，2022年1月22日，地點：大溪金鴻慈惠堂。

陳志昌，「呂理民口述訪問」，2022年2月11日，地點：桃園市大溪區大漢
街自宅。

陳志昌，「江衍嚴、江支煌、江慶桓口述訪問」，2022年2月11日，地點：
農友團社館。

七、口述訪問　　　陳志昌，「游全得口述訪問」，2022年2月11日，地點：大溪皇天宮。

陳志昌，「許孟正、許源吉口述訪問」，2022年2月12日，地點：桃園市大溪區康莊路自宅。

陳志昌，「張書武口述訪問」，2022年2月12日，地點：大溪嘉天宮。

陳志昌，「廖朝舟、邱文俊、簡勝輝口述訪問」，2022年2月13日，地點：慶安社社館

陳志昌，「陳阿拋、陳東秋口述訪問」，2022年2月13日，地點：桃園市大溪區大鶯路自宅。

陳志昌，「張逢銘口述訪問」，2022年2月18日，地點：桃園市大溪區員林路（公司）。

陳志昌，「鍾華登口述訪問」，2022年2月18日，地點：大溪古公三王宮。

陳志昌，「黃金原口述訪問」，2022年2月20日，地點：桃園市大溪區復興路自宅。

陳志昌，「趙明輝、林丕汻口述訪問」，2022年3月18日，地點：桃園市蘆竹區富竹里自宅。

八、其他　　　　　桃園市大溪區社團民俗技藝協會，《社頭文化學堂講義》，桃園：桃園市大溪區社團民俗技藝協會，202年。

福仁宮管理委員會編印，《大溪福仁宮沿革簡介》，2002年。

藍植銓，〈廿世紀普濟堂歷史初探1902-2000〉，http://oldstreet.com.tw/ds/page/29.pdf。

附錄1 /

大溪普濟堂
第八屆主任委員
謝昌明 先生

普濟堂管理委員會大合照

普濟堂發起人于民國前十年
本名：姚瑞昌

普濟堂第一任廟祝
老蔡媽 姚氏

普濟堂經理人之一
江序益 先生

普濟堂經理人之一
黃希隆 先生

普濟堂經理人之一
呂鷹揚 先生

普濟堂經理人之一
呂建邦 先生

普濟堂經理人之一
江次全 先生

普濟堂經理人之一
江建臣 先生

普濟堂第二任廟祝
釋常嚴 俗名 簡進富 先生

普濟堂經理人之一
呂傳命 先生

普濟堂顧問及修建委員會
主任委員：黃伯輝 先生

未正式寺廟登記前普濟堂管理委員會
第一二三屆主任委員黃源騰先生

未正式寺廟登記前普濟堂管理委員會
第四五六屆主任委員呂芳潭先生

正式寺廟登記後（民國81年）
普濟堂管理委員會第一、二、三屆
主任委員：林添福先生

普濟堂管理委員第四、五屆
主任委員：黃金原先生

普濟堂管理委員會第六、七屆
主任委員：陳義春先生

六廿四大溪普濟堂關聖帝君祝壽紀事

農曆六月一日
籌備會議

普濟堂管委會籌備會議

普濟堂管委員與各社頭代表協商會議

農曆六月六日
契孫會

契孫符

契孫會

農曆六月十八日
洗廟

志工洗廟

志工洗廟

農曆六月二十三日
祝壽大典

普濟堂全體委員暨正副爐主向關聖帝公祈禱

普濟堂主委暨社頭代表共同焚香祝壽

農曆六月二十四日遶境儀式

六廿四社頭遶境

信徒奉茶

信徒一同遶境

信徒換香

大神尪入街

大神尪入街

壬寅年正爐主壇

關聖帝公入廟

恭迎關聖帝君入廟

看見神之鄉：大溪普濟堂與社頭

作　　　者　陳志昌
發　行　人　鄭文燦
總　編　輯　莊秀美
主　　　編　李世明
編　審　委　員　王俊昌 邵祖威 吳惠玲
編　輯　行　政　陳依雯 魏陳佑 林佳樺

出　　　版　財團法人大嵙崁文教基金會
董　事　長　莊秀美
常　務　董　事　李後斌 謝昌明 楊勝評 陳倩慧
董　　　事　陳聖義 林威志 江富貴 張皓期 陳維宏
　　　　　　古正君 林怡岑 詹友綜 劉清剋 簡秀雯
常　務　監　察　人　吳惠玲
監　察　人　李榮吉 陳麗安
地　　　址　桃園市大溪區中山路 29 號
網　　　址　www.takoham.org.tw
粉　絲　專　頁　www.facebook.com/DaxiTakoham
電　子　信　箱　takoham85@gmail.com
電　　　話　03 388-0871

監　　　製　大溪普濟堂
主　任　委　員　謝昌明
副　主　任　委　員　陳沐集 江正忠
委　　　員　黃金原 邱財榮 李蔡蘇 李戶峯 簡月嬌 李後寬
　　　　　　黃智弘 呂金石 呂文章 許漢宗 邱大山 簡繼宗
常　務　稽　核　委　員　劉阿順
稽　核　委　員　江鳳兒 邱聰明 李汪圈 陳寶印
總　幹　事　邱益興
地　　　址　桃園市大溪區普濟路 124 號
網　　　址　www.puji.tw/
粉　絲　專　頁　www.facebook.com/DaxiPujitempleTaoyuan
電　子　信　箱　puji@puji.tw
電　　　話　03 388-2054

製　作　印　刷　卡萊多創意有限公司
執　行　主　編　簡劭瑜
美　術　設　計　王又右

出版年月：2022 年 12 月初版一刷
ISBN：978-986-81968-8-9（平裝）
捐款贊助價 新臺幣 600 元

看見神之鄉：大溪普濟堂與社頭 / 陳志昌作 . -- 初版 . --
桃園市：財團法人大嵙崁文教基金會，民 111.12
200 面；21×29 公分
ISBN 978-986-81968-8-9(平裝)

1. 寺廟 2. 民間信仰 3. 桃園市大溪區

272.097　　　　　　111017257